INSHA HOLZ

Eine, die auszog, das Lieben zu lernen

Der Urknall von Wireless Love Healing

Textliche Beratung und Redaktion:

Karen Christine Angermayer
Tel: +49 (0)160 937 456 34

E-Mail: info@sorriso-verlag.com
Web: www.angermayer-sorriso.com und www.sorriso-verlag.com

Impressum

© 2019 Holz, Insha
Herstellung und Verlag: BoD – Books on Demand, Norderstedt

Redaktion: Karen Christine Angermayer

Korrektorat: Bianca Weirauch

Gestaltung, Buchumschlag und Layout: Peter Schneider

ISBN: 978-3-75041-563-8

1. Auflage 2019

Bildnachweis:

© Autorenfoto Cover: Roko N. Babatasi

Vorwort

Liebe Insha,

ich möchte Dir noch mal Danke sagen aus tiefstem Herzen, dass ich Dein Buch schon vorab lesen durfte.

Ich habe Dich schon immer sehr, sehr geschätzt und Du hast einen festen großen Platz in meinem Herzen – mit diesem Buch, Deinem Buch, ist es noch mal viel tiefer geworden.

Du hast das alles erleben dürfen, um für das zu reifen, was jetzt kommt – diese bedingungslose Liebe ist so groß, mächtig und kostbar und möchte richtig getragen werden. Durch all das, was Du erlebt hast und was Dir widerfahren ist, zeigst Du auf, dass diese Liebe jeden von uns stark macht, Vertrauen und Sicherheit uns selbst gegenüber schenkt und wir diese Liebe in uns tragen und sie „nur" wiederentdecken müssen.

Danke, dass Du Dein Leben so offen und ehrlich mit uns teilst – Du hast mich zutiefst berührt und jetzt schenkst Du all das der ganzen Welt.

Du bist wunderbar.

Ich liebe Dich. ❤

Annika

Inhaltsübericht

Gibt es etwas Schöneres als zu lieben?

Hallo!

Ich bin Insha, Mutter, Unternehmerin, früher Inhaberin eines eigenen IT-Unternehmens und inzwischen seit mehr als 20 Jahren mit Leidenschaft Heilerin und spirituelle Lehrerin.

Vielleicht sind wir uns schon begegnet im Rahmen meiner Heiler-Ausbildungen. Vielleicht kennen wir uns auch noch nicht persönlich und dieses Buch ist scheinbar zufällig in deine Hände gefallen. Zufälle gibt es ja nicht im Leben. Von daher freue ich mich sehr, dass wir jetzt in Verbindung sind. Ich grüße dich von Herzen.

Die Welt braucht Menschen, die den tiefen Zusammenhang zwischen Körper, Geist und Seele verstehen und andere Menschen ganzheitlich begleiten können. Und auch Heiler brauchen manchmal Hilfe, sonst „powern" sie sich aus oder überschreiten die Grenzen anderer Menschen in ihrem dringenden Wunsch zu helfen.

Mein tiefstes Bedürfnis und mein größter Wunsch ist es schon immer gewesen, zu heilen und in Gemeinschaft zu wirken.

Dieses Buch erzählt dir meine persönliche Geschichte mit allen Höhen und Tiefen und allem Schmerz, der nötig war, bis ich in die wahre Liebe fand, in „Wireless Love". Ich erzähle dir gleich, warum ich sie so nenne.

Meine Geschichte lädt dich ein, deinen eigenen Weg in die Kraft der höchsten Liebe zu finden und ihn mit Freude zu gehen.

Sicher kennst du Situationen, in denen das „Päckchen", das du auf diese Erde mitgebracht hast, viel zu schwer scheint und untragbar. Es sind Momente, in denen du an dir zweifelst, dein Vertrauen nicht mehr wiederfindest und vor lauter Angst und Sorge nicht mehr weiterweißt. Indem ich dir ganz offen und ehrlich meine Geschichte erzähle, möchte ich dir helfen, das Wesen der wahren Liebe zu verstehen, damit du in Kontakt mit ihr kommen und sie in jedem Bereich deines Seins frei fließen lassen kannst.

Ich habe herausgefunden, dass es mein Auftrag ist, Menschen wieder an ihr Potenzial zu erinnern, damit sich alte Verkrustungen lösen können, tiefe Wunden heilen und die Fesseln gesprengt werden, die so viele von uns daran hindern, ihr wahres Sein zu leben und das Leben, von dem sie träumen.

Wenn ich Menschen sehe, sehe ich ihre spirituelle Schönheit. Ich sehe nicht die Mauern, nicht die Verletzungen und Narben. Ich sehe das, was dieser Mensch wirklich ist.

Was gibt es Schöneres, als zu lieben und mit liebevollen Menschen zusammen zu sein?

Der größte Schatz eines Heilers ist die Liebe. Das habe ich über all die Jahre erkennen dürfen. Es sind nicht die Methoden und Techniken, nicht diese oder jene Pille oder eine besondere Form der Berührung. Wenn die Liebe abwesend ist, ist Heilung nicht möglich.

Weltweit durfte ich inzwischen über 1000 Heilerinnen und Heiler in meinen Heilmethoden ausbilden und ebenso viele Menschen zu verschiedenen Lebensthemen begleiten. Im Jahr 2007 habe ich als Vorstufe für mein heutiges Wirken ein internationales Heiler-Netzwerk ins Leben gerufen. Die Grundidee dieses Heiler-Netzwerks war, die Akzeptanz des geistigen Heilens zu fördern.

Ich leite zusammen mit meinem wundervollen Team Seminare in sieben Ländern dieser Erde. Im Sommer 2018 haben wir die „Wireless Love Healing"-Ausbildung ins Leben gerufen. Hier begleiten wir Menschen in 18 Monaten zuerst in ihre wahre Liebe, vermitteln eine ganz neue Heilmethode, die nur durch Liebe überhaupt funktionieren kann, und durch ein Business- und Manifestationstraining fördern wir jeden Teilnehmer beim Aufbau einer erfolgreichen Selbstständigkeit.

Wo stehst du gerade, wenn du dieses Buch in den Händen hältst?

Wenn es dir so geht wie sehr vielen Menschen, dann hast du möglicherweise schon eine Vielzahl an Seminaren und spirituellen Ausbildungen besucht. Du hast gesucht und gesucht – und du hast auch „gefunden". Für eine kurze Zeit zumindest.

Denn keine Methode und kein Angebot hat auf Dauer deine tiefe Sehnsucht gestillt. Immer war noch etwas offen. Immer war noch der brennende Wunsch da, endlich anzukommen. Man könnte es auch als „spirituellen Jo-Jo-Effekt" bezeichnen, den viele Menschen erleben. Wie bei einer Diät, die auf Dauer keinen Erfolg gebracht hat. Mir ging es früher genauso.

Vielleicht hast du manchmal das Gefühl, das Leben um dich herum nicht mehr auszuhalten. Die vielen Probleme, der ganze Schmerz, die düsteren Zukunftsprognosen überall in den Medien   „Soll das das Leben sein?", fragst du dich zu Recht. Du fühlst dich vom Leben und von dir selbst abgetrennt und wünschst dir nichts sehnlicher, als mit alledem besser umgehen zu können, Leichtigkeit und Frieden zu spüren. Aber wie?

Wenn du noch dazu zu den hochsensiblen Menschen gehörst, ist dir der normale Alltag oft zu laut und schlägt dir aufs Gemüt. Die Zahl der hochsensiblen Menschen wird immer größer. Gehörst du auch dazu?

Wahrscheinlich hast du schon einige Heil- und Therapiemethoden erlernt. Du bist offen und neugierig, entdeckst gern neue Dinge und hast schon Heilungserfolge erzielt, die dir das Gefühl geben, es mit allem aufnehmen zu können. Manchmal hast du dabei vielleicht schon Menschen helfen wollen, die gar nicht um deine Hilfe gebeten haben   So geht es vielen Heilern, die das Bedürfnis haben, die Welt zu retten.

Ich selbst habe für mich festgestellt: Retten kann ich die Welt nicht. Aber ich kann sie verbessern. Jeden Tag ein kleines Stückchen besser machen. Meine eigene Welt und meinen Weg immer leichter und liebevoll gestalten und dadurch anderen ein Beispiel sein.

Ein weiterer Grund, warum dieses Buch zu dir gefunden hat, könnte sein, dass du gerade in einer Lebenskrise steckst und etwas verändern willst. Zum Beispiel in deiner Gesundheit, deinen Beziehungen oder deinen Finanzen oder in allen dreien. Vielleicht ist dein Leben gerade wie ein Kartenhaus über dir zusammengebrochen oder du fühlst dich von dem Leben, das du dir erträumst, trotz allem Einsatz (Zeit, Geld, Energie) so weit entfernt wie die Erde vom Mond.

Vielleicht spürst du gerade Ängste. Die Angst, es nicht zu schaffen. Die Angst, deine Existenz oder das Gesicht zu verlieren. Oder die Angst vor dem Nichts.

Wenn auch nur einer dieser Punkte auf dich zutrifft, dann ist es jetzt Zeit. Dein Leben ruft dich. Dein Innerstes ruft dich. Es ist Zeit, dich an deine wahre Natur zu erinnern. Kein Päckchen, kein Schmerz und keine Herausforderung sind so groß, dass wir sie nicht tragen könnten. Das möchte ich dir mit meiner Geschichte vermitteln. Ich habe mir auch so manches XXL-Paket ausgesucht ... Doch alles war wichtig.

Wenn wir in der Liebe sind, dann können wir alles tragen und mit allem umgehen, was uns begegnet. Wenn wir in der Liebe sind, dann hat unsere Suche ein Ende. Dann sind wir endlich „da" und wissen plötzlich, warum wir auf dieser Erde sind – und warum wir genau so sind, wie wir sind. Wir fühlen uns frei, angekommen, unabhängig von anderen Menschen oder Umständen. Wir wissen auf einmal, was Selbstliebe wirklich ist, und spüren einen tiefen inneren Frieden, den uns niemand anderes geben kann. Unser Sein und Wirken kommen dann aus ganz einer anderen Ebene.

Diese Form der Liebe läutet gerade einen Paradigmenwechsel ein: Für diese Art der Liebe brauchen wir kein Gegenüber mehr, keinen Empfänger, und wir brauchen auch keinen Grund mehr, um zu lieben. Wir SIND einfach Liebe.

Ich nenne diese Liebe „Wireless Love", weil sie alles durchdringt, immer sendet und das ohne Bedingungen, an die sie geknüpft ist. In dieser Art der Liebe „senden" wir einfach nur noch – egal, was um uns herum geschieht. Egal, wie andere mit uns umgehen, ob sie uns mögen oder nicht. Wir senden Liebe. Ohne Pause, ohne Unterbrechungen, ohne Funklöcher oder Störungen im Netz.

Du bist dabei ganz in dir verankert. Die Verwurzelung, nach der du immer gesucht hast, das Gefühl von Verbundenheit, Zugehörigkeit, Stärke, Schönheit und tiefem Seelenfrieden beziehst du dann allein aus dir selbst.

Wie fühlt sich das für dich an? Schön, oder? Und das Schöne ist: Es ist möglich. Für jeden von uns!

Diese Art der Liebe ist genau das, was sich viele Menschen jetzt wünschen. Nur kennen sie noch nicht den Weg dahin.

Derzeit lebt durchschnittlich erst einer von 250 Menschen diesen Zustand, dieses Sein. Das sind erst 0,4 Prozent aller Menschen. Ich möchte dich von ganzem Herzen einladen, auch einer von ihnen zu sein.

Ich habe meine Geschichte mit Meditationen und Anregungen für dich ergänzt. Sie sollen dir helfen, im Alltag zur Ruhe und in Kontakt zu kommen:

in Kontakt mit dir selbst, mit deinen Potenzialen, deinem Sein und mit den Geschenken, die du auf die Erde mitgebracht hast.

So kann die Liebe immer mehr in dein Leben kommen.

Was geschieht noch, wenn du „in Liebe" bist?

- In dieser höchsten Form der Liebe erkennst du andere Menschen in ihrem wahren Wesen.

- Du erlebst eine beschleunigte Manifestation deiner Wünsche und Ziele. Finanzielle Fülle kann in dein Leben treten.

- Andere Menschen werden sich danach sehnen, in deiner Nähe zu sein.

- Selbstliebe wird zu deinem natürlichen Zustand.

- Liebe führt in die Freiheit.

- Und: Du legst den Zugang frei zu deinen heilenden Kräften. Du bist in der Lage, dir und anderen stärker zu helfen denn je – indem du sie ermächtigst, die Heilung und Wahrheit in sich selbst zu finden.

Ist es das, wonach du immer gesucht und dich gesehnt hast? Hast du das Gefühl, dass es jetzt Zeit ist? Zeit für dich und deine Form der Liebe?

Ich kann dir aus meiner Erfahrung und aus der Erfahrung der vielen Menschen, die ich begleiten darf, sagen:

Wirklich zu lieben ist das schönste Geschenk, das du dir und
anderen machen kannst.

In Liebe kannst du so viel mehr bewirken. Mehr, als dir jetzt gerade vielleicht bewusst ist.

Auf der folgenden Seite beginnt meine Geschichte. Ich habe sie in chronologischer Form für dich aufgeschrieben. Alles ist so passiert. Jede Sequenz hat mich darauf vorbereitet, den nächsten Schritt zu gehen. Dafür bin ich heute dankbar.

Und ich bin dankbar dafür, dass ich all das nun an dich weitergeben darf. Ich wünsche dir viel Freude und viele Erkenntnisse für deinen Herzensweg.

In Liebe,

Insha

KAPITEL 1

Ein unglaublich liebes Kind

Meine Eltern waren jung verheiratet. Sie wohnten bei meiner Oma, wollten sich etwas aufbauen, ihr Leben genießen und später eine Familie gründen. Zu der Zeit gab es noch keine Verhütungsmittel, wie sie heute selbstverständlich sind, und so wurde meine Mama ungewollt schnell schwanger.

Sie hat es mir später erzählt und ich habe es auch in Rückführungen erlebt, dass es furchtbar für sie und meinen Vater war und dass sie alles versuchte, um mich „loszuwerden". Mein Vater wollte keine Kinder.

So stellte ich mich schon vor meiner Geburt darauf ein, nicht unangenehm zu sein, nicht aufzufallen, und kam als angepasstes, unglaublich liebes Kind zur Welt. Ich war so lieb, dass sich meine Mutter schließlich mit der Situation aussöhnte, wie sie mir einmal sagte. Ich schrie nie, war pflegeleicht, still und genügsam.

Das waren meine Grundzüge, mit denen ich in diese Welt startete. Du kannst dir sicher vorstellen, dass mich das für eine lange Zeit prägte. Und was machte das Leben mit mir? Es stellte mich vor jede erdenkliche Herausforderung, damit aus „lieb sein" wahre Liebe werden konnte. Ein langer Weg lag vor mir ...

In meinen Beziehungen war ich immer harmonisch. Streit war für mich das Zeichen: Die Beziehung ist zu Ende, es hat alles keinen Sinn, wenn wir uns streiten müssen. Ich erinnere mich an eine Situation, als ich mit anderthalb Jahren unter dem Küchentisch saß. Meine Eltern stritten sich heftig und brüllten sich an. Ich hatte Angst. Es war ein Schock für mich, der sich zu einem Trauma entwickelte. Ich wurde danach richtiggehend harmoniesüchtig.

Andere Babys oder Kleinkinder zogen mich magisch an. Meine Mutter musste immer aufpassen, dass ich nicht einfach so über die Straße lief, wenn ich ein anderes Kind sah. In den ersten Schuljahren kam ich oft viel zu spät aus der Schule, weil ich die gehänselten Kinder nach Hause brachte und auf sie aufpasste.

Dann kamen meine Kindergartenzeit und meine erste Freundin. Mama erzählte mir, dass sie schrecklich verzweifelt war, weil ich mir von dem Mädchen alles gefallen ließ und mich ihr gegenüber wie eine unterwürfige Dienerin verhielt.

Als ich vier war, wurde meine Schwester geboren. Meine Mama freute sich auf sie in der Erwartung, noch so ein „liebes Kind" zu bekommen. Doch meine Schwester war ein Schreikind. Jede Nacht musste sie von meinen Eltern auf dem Arm getragen werden. Für mich brach eine Welt zusammen. Ich fühlte mich ungeliebt, wurde ein Pummelchen und fing wieder an, in die Hose zu machen.

Um uns Geschwister zu verbinden und die Eifersucht zu vermeiden, „schenkte" mir meine Mama meine Schwester zum Geburtstag, als diese zwei Monate alt war. Ich sollte von jetzt an immer gut auf sie aufpassen. Ich versuchte es – doch es klappte nicht. Im Gegenteil: Sobald meine Schwester laufen und sprechen konnte, war sie es, die mich vor anderen Kindern auf der Straße beschützte.

Zwischen meinem achten und neunten Lebensjahr stellten die Ärzte fest, dass ich eine verhärtete Leber hatte. Es folgten lange Arztbesuche, Krankenhaus- und Kuraufenthalte, die mir endlos erschienen. Während der Kur trat ich immer wieder aus meinem Körper heraus, es war nur meine Hülle anwesend. Ich fühlte mich abgelehnt, vom Pflegepersonal wie von den Kindern, hatte viel Heimweh und großes Leid.

Auch in der Schule gehörte ich nie einer Clique an. Meistens hatte ich nur eine Freundin, für die ich alles tat. Meine Mama sagte mir immer, wie sehr ich mich mit jeder Freundin veränderte. Ich nahm unbewusst alle ihre Gewohnheiten an, sprach wie sie, lachte wie sie und versuchte, mich gleich zu kleiden.

Leider hielten diese Freundschaften nicht lange. (Leider dachte ich damals.) Ich dachte: „Ich bin nicht gut genug, nicht hübsch genug und vor allem nicht schlagfertig." Schlagfertigkeit bewunderte ich außerordentlich bei anderen. Oft fielen mir „tolle" Antworten erst ein, wenn die Situationen längst vorbei waren.

Immer wieder suchte ich Freundschaften. Meine Mutter pflegte ihre Freundschaften seit ihrer Schulzeit und hatte einen riesigen Freundeskreis. Von ihr hatte ich gelernt, dass Freundschaften das wichtigste Gut im Leben eines Menschen seien. Doch ich fand diese Freundschaften nicht für mich.

So bildete sich schon damals so etwas wie eine unsichtbare energetische Mauer um mich – mein Selbstschutz vor Verletzung. Gleichzeitig wurde ich unsichtbar. Was auch immer ich in diesen Jahren unternahm, niemand sah mich. In der Tanzschule hatte ich keinen Partner, in der Disco stand ich den ganzen Abend alleine rum   Beim Abschlussball am Ende der Tanzschulzeit führte ich meine Mutter zur falschen Location, damit sie nicht sah, dass mich niemand wollte.

Als ich 12 war, verließ mein Vater meine Familie. Das war zu viel für meine Mutter. Sie verkraftete es nicht. Zweimal pro Woche schloss sie sich in ihrem Zimmer ein und versuchte, sich aus diesem Leben zu schleichen. Meine beiden jüngeren Geschwister und ich – ich hatte noch einen kleinen Bruder bekommen, der sechs Jahre jünger ist als ich – durchliefen eine schlimme Zeit voller Angst.

Ich dachte: Meine Mama will mich nicht. Warum sollte sie uns sonst verlassen wollen? Damals schon bildete sich in mir eine tiefe Angst, verlassen zu werden, und ich versuchte, noch lieber zu sein. Ich kümmerte mich hingebungsvoll um sie, wenn sie mal wieder gerettet war und überlebt hatte.

Erst viel später erkannte ich, dass ich immer versuchte, Nähe und Partnerschaft durch Liebsein zu „kaufen".

Der Anker in meiner Not war der Nachbarsjunge. Er war zwei Jahre älter als ich und hatte zu Hause ähnliche Verhältnisse – nur dass er seine Themen nicht durch Liebsein zu bewältigen versuchte, sondern durch Aggression gegen sich selbst und andere. Zwei verzweifelte Kinder, die im anderen Halt suchten.

Im Jahr meiner mittleren Reife war es dann so weit: Ich wurde schwanger von ihm. Meine Mutter bemerkte es vor mir. Sie war mittlerweile wieder in ihren alten Beruf eingestiegen als Sozialpädagogin und arbeitete bei der Schwangerenvorsorge in der Stadt. Für mich war dieser Moment der Wahrheit schrecklich, doch sie ließ mir die freie Wahl, das Kind zu bekommen oder nicht. Als ich mich für das Kind entschied, sagte sie: „Wir schaffen das schon." Ich kann heute in tiefer Dankbarkeit auf ihre Reaktion und ihren Umgang mit mir zurückschauen. Und ich bin stolz und glücklich, so eine wundervolle Tochter in meinem Leben zu haben!

Mein Vater hielt mich für „asozial", wie er immer sagte, und mied den Umgang mit mir. Er war zu der Zeit über seinen Handwerkerberuf und die Gewerkschaft beruflich in immer einflussreichere Positionen aufgestiegen, bis hin zum Stadtratsmitglied. Ich war ihm nur peinlich.

Auch von den Menschen in unserem Vorort fühlte ich mich geächtet. Schwanger im fünften Monat schaffte ich meine mittlere Reife. Mama nähte mir jugendliche Umstandskleider, weil wir kein Geld hatten, welche zu kaufen. Ich ging mit hocherhobenem Kopf über die Straße und schaute aber niemanden an. Für mich war es Selbstschutz, doch die Leute legten es als Unfreundlichkeit, Hochnäsigkeit und Arroganz aus und beschwerten sich bei meinen Eltern darüber. Ich müsse doch wohl eher demütig sein, meinten sie.

Mein Freund und Vater meines Kindes durfte nicht zu mir. Wir trafen uns heimlich. Er war von seinen Eltern vor die Tür gesetzt worden, weil er seinem Vater Geld aus dem Geldbeutel genommen hatte. Er war 18, lebte jetzt auf der Straße, schlief auf Parkbänken und hatte auf einmal keine Freunde mehr. Ich machte mir wahnsinnige Sorgen um ihn. Dies alles kettete uns immer mehr aneinander.

Die Zeit damals war natürlich auch ein Spießrutenlauf für meine Eltern. Es war schon ein absolutes No-Go, unverheiratet schwanger zu sein – aber auch noch als Schülerin, als Teenager? Das war so, als wäre man aussätzig.

Während ich die Unterstützung und Liebe von meiner Mutter spürte, erntete ich von meinem Vater nur Verachtung. Er sagte Dinge wie: „Du bist nicht mehr wert als das Schwarze unter meinem Fingernagel." Dieser Spruch begleitete mich mein Leben lang. Nie konnte ich ihn vergessen. Viele Jahre meines Lebens versuchte ich, meinem Vater zu beweisen, dass ich ein gutes Mädchen war.

Heute kann ich sehen, dass sein Verhalten nicht nur zu meinem Schaden war, sondern auch zu meinem Wohl, denn ich entwickelte einen unglaublichen Ehrgeiz, etwas zu erreichen. Damals noch, um meinem Vater zu beweisen, dass ich mehr wert war, als er glaubte. Heute, um meine Vision der Liebe in die Welt zu bringen.

Wenn ich zurückschaue, haben mir meine Eltern eine faszinierende Mischung aus ihren eigenen Eigenschaften mitgegeben, die sich in mir vereinen: Mama war Liebe und Hingabe und auch Schwäche. Mein Vater war Macht, Durchsetzungsvermögen und Stärke. All das trage ich in mir und habe gelernt, es zu vereinen in wahres Leadership, in Liebe zu allem, was ist. In gelebte Spiritualität. Ich habe für mich die Herrschaft der Liebe zurückerobert. Ich weiß, es ist möglich, Macht mit Liebe und Hingabe an andere Menschen zu leben.

- Selbstliebe bedeutet nicht lieb sein, sondern zu lieben.

- Lerne, dich zu lieben, dann wirst du von der Welt und den Menschen angenommen, wie du bist, und musst dir keine Liebe „kaufen".

Für dich zur Reflexion:

- *Kennst du Situationen, in denen du dir Liebe und Nähe durch Liebsein erkauft hast?*

- *Erkennst du, warum du bei deinen Eltern inkarniert bist?*

- *Welche besonderen Qualitäten trägt deine Mutter? Welche dein Vater? (ohne Wertung)*

- *Wie vereint sich das in dir?*

- *Welche besonderen Stärken und Schwächen findest du, wenn du deine Kindheit bis in die Pubertät reflektierst?*

- *Fühlst du dich als Opfer?*

- *Gab es einen Retter oder Täter in deinem Leben oder hast du diese Rolle vielleicht selbst übernommen?*

Meditation:

Die Liebe macht uns sichtbar und schenkt uns Freiheit

Diese Meditation findest du auch auf meiner Webseite unter www.wireless-love.com/leserbonus von mir für dich gesprochen.

Schließe deine Augen.

Wende deinen Blick nach innen und beobachte deinen Atem, wie er kommt und geht, ohne darauf Einfluss zu nehmen.

Spüre, wie eine tiefe Entspannung deinen Körper erfasst.

Deine Beine sind ganz entspannt.

Dein Becken und dein Bauchraum sind ganz entspannt.

Deine Brust und dein Rücken sind ganz entspannt.

Deine Schultern, Arme und Hände sind ganz entspannt.

Dein Hals und dein Kopf sind ganz entspannt.

Dein ganzer Körper ist ganz entspannt.

Du atmest Ruhe und Frieden ein.

Du atmest Liebe ein.

Du atmest Wahrheit ein.

Und du atmest die Sehnsucht nach Vollendung ein.

Gehe nun über deinen Atem in Kontakt mit dem Zentrum
deiner Liebe in der Mitte deiner Brust.

Stelle dir über dein inneres Auge dort ein Licht vor wie das
Licht einer Kerze.

Es ist das Licht der Liebe, das in dir wohnt.

Lass deine Aufmerksamkeit für ein paar Augenblicke auf
dem Licht der Liebe in der Mitte deiner Brust verweilen.

Lass dir Zeit.

Dehne nun das Licht der Liebe aus, wie es der Liebe ange-
nehm ist.

Schenke dem Licht der Liebe Raum in dir.

Das Licht der Liebe bahnt sich Wege durch deinen Körper,
durch deine Aura und durch alle Aspekte deines Seins.

Bedanke dich bei allen dir bewussten und unbewussten
Aspekte deines Seins.

Liebe jede deiner Aspekte bedingungslos, beurteile sie nicht
und nimm sie liebevoll an.

Sage innerlich: „Danke, dass ihr hier seid, danke, dass ich
euch mit meiner Liebe berühren darf, ihr seid willkommen."

Warte ab. Sei still und lausche nach innen.

Lass dir Zeit

Lade alle Aspekte ein, ihren eigenen Platz in dir
einzunehmen.

Jeder Aspekt darf sich in dir wohlfühlen, darf sich in dir
entfalten, darf eins mit dir sein und darf dich mit Glück
beschenken.

Lass dir Zeit.

Öffne dich für die Vielfalt der Geschenke in dir.

Nimm alles, was du bist, dankbar an.

Sei großzügig mit dir selbst und bewerte nicht.

Alles ist, so wie es ist, und es ist gut für dich.

Vertraue dich der Liebe an.

Die Liebe ist grenzenlos, die Liebe ist unberechenbar, die Liebe ist Heilung, die Liebe ist Geborgenheit, die Liebe ist Freiheit, die Liebe ist Glück und vieles mehr ... Finde deine eigenen Worte für die zahlreichen Gesichter der Liebe.

Lass dir Zeit.

In der Liebe ist alles richtig, du bist richtig und du bist wunderbar.

Spüre den Reichtum, den du in dir trägst.

Dehne nun das Licht deiner Liebe über deine Bewusstseinsgrenzen weit hinaus: über deinen Körper, deine Aura, deine Wohnung, deinen Lebensraum, dein Land, deinen Kontinent, deine Welt, dein Universum, deine Galaxie, bis in Wireless Love – die Quelle der unendlichen Liebe.

In der Einheit mit Wireless Love löst sich alles auf, alles ist eins, alles bist du.

Du bist der Baum, du bist das Haus, du bist der Mensch, du bist die Erde, du bist das Universum.

Lass dir Zeit.

In der Einheit mit der Quelle der unendlichen Liebe bist du alles und gleichzeitig nur Liebe.

Beginne in der Einheit mit der Quelle von der unendlichen Liebe zu träumen:

Träume dich, träume deine Welten, träume deine unendliche Liebe.

Schenke deinem Traum Farbe, Glück und Freude.

Lass in deinem Traum Neues entstehen, bleibe dabei freudig und entspannt.

Träume den Traum der Liebe, träume den Traum deines Herzens.

Lass dir Zeit.

Lass deinen Traum liebevoll los.

Er ist in deiner Liebe gewachsen.

Er ist in deiner Liebe erwachsen geworden.

Dein Traum geht nun seinen eigenen Weg.

Gestehe deinem Traum Entfaltungsfreiheit zu.

Liebe ihn.

Nimm die Geschenke an, die dein Traum nach seiner Reifezeit für dich bereithält.

Erkenne seinen Zauber und bedanke dich.

Komme langsam zum Abschluss.

Lenke deine Aufmerksamkeit auf deinen Atem.

Atme bewusst ein und aus.

Kehre über deinen Atem wieder an die Oberfläche des Bewusstseins zurück.

Öffne deine Augen.

Sei ganz im Hier und Jetzt.

———————————————

KAPITEL 2

Entscheidungen, tiefste Angst und erste Schritte in die eigene Sicherheit

Und dann kam meine Zeit der Befreiung. Zumindest dachte ich das. Denn nach der Geburt meiner Tochter zog ich aus meinem Elternhaus aus.

Während meiner Kindheit und Teenagerzeit lebten wir in ärmsten Verhältnissen – Mama, meine kleinen Geschwister, ich und Baby. Es gab immer viele Sorgen. Mama litt zu der Zeit immer noch sehr darunter, dass mein Vater sie verlassen hatte. Es gab oft Momente, in denen ich glaubte, keine Luft mehr zu kriegen.

Als Mama eines Tages sagte: „Mach dir keine Sorgen, Kind, dein Kind kriegen wir auch noch groß", passierte etwas in mir.

Ich muss dazu sagen: Ich hatte in meiner Kindheit viele Momente erlebt, in denen meine Mutter nichts tat. Damit meine ich: Sie schützte mich nicht vor dem patriarchalischen Verhalten meines Vaters.

Er hatte zum Beispiel eine besondere Art, seine Schuhe zu putzen, und es war meine Aufgabe, es genau auf diese Art auszuführen. Machte ich dabei Fehler, gab es Ohrfeigen. Morgens, bevor er zur Arbeit ging, machte er seine „Schuhinspektion". Der Morgen war für mich also viele Jahre lang eine Zitterpartie. Auch meine Geschwister züchtigte er, wie ich mitanhören konnte, wenn ich mich in meinem Zimmer einschloss.

Ich nahm meine Mutter damals als schwach und „unehrlich" wahr, weil sie in meinen Augen nichts tat, um uns vor seinem traumatisierenden Verhalten zu schützen. Ich habe dies alles erst viel später erkannt und verstanden.

Und genau aus dem Grund wollte ich auf gar keinen Fall, dass sie mein Kind sozusagen als „viertes Kind" einfach mit erzog. Diese Vorstellung war für mich schrecklich. Ich wollte doch alles anders, besser machen!

Sie war es, die den Namen für meine Tochter aussuchte, als ich im Kindbett lag. Ich hatte keine Chance, selbst eine Wahl zu treffen. Tagelang weinte ich mir die Augen aus.

Heute ist das kein Thema mehr für mich. Heute weiß ich, dass meine Mama eine absolut wundervolle Frau und Mutter war. Ich kann sehen, dass sie das Beste gab, was sie geben konnte, und immer für mich da war. Damals war sie in meinen Augen schwach und übergriffig. Damals fühlte ich mich eingesperrt von ihr und konnte ihr persönliches Leid nicht mehr ertragen. Ich war in der Pubertät. Ich wollte weg.

Und wieder war sie es, die die Idee und die Lösung für mein Dilemma hatte und vorschlug, ich könnte doch in ein Mutter-Kind-Haus ziehen. In ihrer Position als Sozialarbeiterin hatte sie gute Verbindungen. Ich konnte in ein Haus mit jungen Frauen ziehen, die alle in der gleichen Lage waren wie ich. Ich ging arbeiten und verdiente mein erstes eigenes Geld. Und ich fühlte mich endlich nicht mehr aussätzig!

Doch ständig plagten mich Existenzängste: Kann ich überhaupt überleben? An manchen Tagen wusste ich nicht, wovon ich Brot für mein Kind kaufen sollte. Ich durfte tiefste Armut in dieser Zeit erfahren. Mein Bildungs-Dünkel sprach manchmal mit mir und sagte: „Du kommst aus einer ‚guten Familie‘, für die es wichtig ist, etwas zu sein – und du hast nur Mittelschulabschluss. Da kann ja nichts aus dir werden. Wer will dich denn so wertschätzen?" Trotz alledem lebte ich weiter.

Fred, der Vater meiner Tochter, war die größte Liebe, die ich je bekommen kann, dachte ich damals. Heute würde ich sagen, wir hatten eine karmische Verabredung im Himmel geschlossen. Eine Verabredung, uns zu begegnen, angezogen wie von einem starken Magneten. Macht und Ohnmacht in ihrer tiefsten Dimension. Wir lebten sie gemeinsam aus. Heute denke ich: Nur Seelen, die sich unendlich lieben, sind bereit, solche Rollen im Menschenleben zu übernehmen und Lernschritte bei sich selbst und anderen zu erzeugen.

Als ich ihn mit 12 Jahren zum ersten Mal sah, passierte etwas in meinem Inneren: Ich hatte plötzlich ein Traumziel. Ich richtete mich vollkommen auf ein Leben mit ihm aus. Wenn ich bei ihm war, brauchte ich nicht aus meinem Körper herauszugehen, wie so oft, wenn ich das Leben mit meiner Mutter und meinen Geschwistern nicht mehr ertrug. Mit Fred war das anders. Alles, was ich mir unter Liebe vorstellte, interpretierte ich in ihn. Er war der Sonnyboy in unserem Viertel. Jedes Mädchen machte ihm schöne Augen. Und ich übernahm schon damals innerlich seinen Namen – meinen Nachnamen gab es für mich nicht mehr. Ich stellte mir immer vor, wie mein Vorname in Verbindung mit seinem Nachnamen klang – das war mein Name!

Ich nahm Akkordeon-Unterricht, weil auch er Akkordeon spielte. Wenn er seine Aufmerksamkeit auf mich richtete oder gar seinen Arm um mich legte, war es, als würde ich vor Glück zerspringen – das, was ich damals unter Glück verstand.

Unternommen haben wir eigentlich nie etwas. Er machte damals seine Ausbildung im Handwerksunternehmen seines Vaters. Die Jungs gingen abends in die Kneipe im Ort. Sooft ich mich wegschleichen konnte, tat ich das, nur um in seiner Nähe zu sein. Seine Aufmerksamkeit war mein Lebenselixier.

Heute habe ich erkannt: Wenn man sich selber nicht spürt, hat man eine unstillbare Sucht, geliebt zu werden.

Das ging mit uns beiden so weit, dass ich mich von ihm misshandeln ließ. Ich tat, was auch immer Fred von mir verlangte, nur um geliebt zu werden. Wankte in dieser Abhängigkeit zwischen höchsten Glücksgefühlen, wenn ich seine Zuneigung spüren durfte, und tiefster Angst und Schmerz durch körperliche und psychische Attacken. Ich fühlte mich immer kleiner und unsichtbarer. Meine Stimme war fast unhörbar geworden.

War ich eigentlich noch da? Gab es mich überhaupt noch?

Heute weiß ich, dass ich eigentlich die Stärkere von uns beiden war. Dass er mich nur misshandelte, wenn er sich selber so klein und minderwertig fühlte. Er quälte mich mit Worten, schoss auf mich mit einem Luftgewehr, schlug mich und brachte meine Katze um. Anschließend hängte er sie im Bad auf. Ich dagegen bettelte um Zuneigung, um auch nur ein liebes Wort zu hören, bekam aber nie eins. Mein Lebensmut, meine Lebensfreude, sie waren wie gedeckelt. Aggressionen fraß ich in mich hinein. Als ich 20 war, überredete mich Fred, als Prostituierte zu arbeiten, weil man damit doch am einfachsten

Geld verdienen könne. Und ich tat es für ein paar Jahre, wie alles, was er von mir verlangte.

Bis dahin hatte ich unter seiner Anleitung gestohlen, nahm Drogen und lernte das Leben auf der Straße in vielen Facetten kennen. Um dem Rausch zu entfliehen und wieder runterzukommen, nahm ich Beruhigungspillen. Ein ständiges Auf und Ab. Ich war verzweifelt. Oft wäre ich froh gewesen, wenn ich nicht mehr aufgewacht wäre. Glücklich war ich nur, wenn Fred mich nach einem erfolgreichen Deal in die Arme nahm und mir seine Liebe schwor. Dann nahm er das Geld und verschwand, setzte alles in Alkohol um, um mich danach, völlig betrunken, wieder physisch und psychisch zu attackieren

Wenn er wieder nüchtern war, lag er vor mir auf der Erde und flehte mich um Verzeihung an. Ich gewährte sie ihm immer. Wenn ich nachts aufwachte, fand ich ihn oft neben mir sitzend, wie er suggestiv auf mich einredete. Vier Jahre ging das ungefähr so.

Freiheit ist immer mein höchstes Gut gewesen, damals wie heute. Alle diese Erfahrungen brachten mich dazu, niemals einen anderen Menschen zu etwas zu zwingen, sondern immer Freiheit zu schenken. Niemals zu lügen, auch wenn ich manchmal deswegen ausgelacht wurde. Unter keinen Umständen – nie – auch nur das kleinste Wattebäuschchen zu klauen. Dankbar zu sein und immer abends in den Spiegel schauen zu können – und MICH dort zu finden. Gott sei Dank war unsere Tochter zu dieser Zeit oft bei Oma.

Der erste Computer

So ging mein Leben mehr schlecht als recht dahin und ich dachte: „Mensch, bald bin ich 30 und dann ist mein Leben vorbei. Nix erreicht, arm geboren (als ich geboren wurde, waren meine Eltern noch arm) und arm gestorben."

Und dann kam das Computerzeitalter.

Ich erinnere mich an die Zeit Ende der 1970er-, Anfang der 1980er-Jahre. Ganz andächtig standen Fred und ich vor diesen kleinen grauen Kästen mit Tastatur, die erstmalig angeboten wurden. Bis dahin kannte man Computer nur in großen Unternehmen und dort nahmen sie riesige Räume ein. Jetzt war es ein kleiner Kasten. Ich erinnere mich auch noch an die vorsintflutlichen Taschenrechner mit Tasten, die wir heute unserer Oma geben würden. ;-)

Wir fuhren immer nach Aachen. Dort hatten zwei Studenten während ihrer Unizeit angefangen, mit diesen Taschenrechnern und später mit PCs zu handeln. Sie bauten sie im Hinterhof noch selber zusammen und verschickten sie – sie wurden ihnen aus den Fingern gerissen.

Auch Fred war ein guter Kunde. Er war hochgradig fasziniert von diesen Computern und brachte sich selber das Programmieren bei. Ich ging arbeiten, um uns zu ernähren. Damals musste man noch eine Computersprache lernen, sonst konnte man mit solch einem technischen Wunderwerk leider nichts anfangen. Ursprünglich aus 0 und 1 bestehende Programmierungen wurden vereinfacht und ich glaube, die erste einigermaßen einfache Computersprache war „Basic".

Es war die Wissbegier und das schnelle autodidaktische Lernen, das Fred zur interessanten Person für die beiden Jungunternehmer machte. Und es war seine Idee, einen Laden in einer richtigen Geschäftsgegend zu eröffnen. Das taten sie dann auch und wir sollten ihn führen. So kam ich zu einem neuen Leben, ohne vorher je daran gedacht zu haben.

Kannst du dir das vorstellen? Fred, das verkappte Genie, und ich, die ich ja nix konnte. Dieser große Schritt stürzte mich in neue Ängste: Ich kann doch nichts. Wie soll ich denn Computer verkaufen?!

Meine Mutter, die sich mittlerweile wieder ganz gut im Leben zurechtfand, sagte: „Geh mit deinem Mann, du bist doch intelligent und kannst alles lernen, wenn du wirklich willst. Ansonsten hast du vielleicht eine höhere Schulbildung", sie meinte meinen x-ten Anlauf, endlich mein Abi zu machen, „aber keinen Mann mehr."

Der Computerladen wurde eröffnet und ich ging mit. Anfangs war ich so verschüchtert, dass ich mich kaum traute, den Telefonhörer abzunehmen, wenn ein Kunde anrief. Ich überwand mich jeden Tag neu und nervte Fred so lange, bis er mir alles über diese Computer und die wenigen Computerprogramme, die es damals gab, beibrachte.

Nach und nach wurde ich sicherer und fand sogar großes Vergnügen am Verkaufen. Spürte, dass ich alles verkaufen kann, was ich wertschätze und wovon ich überzeugt und begeistert bin. Manchmal schlossen wir Wetten ab, wer am meisten Computer einer bestimmten Marke am Tag verkaufen konnte.

Dann fragten die ersten Leute, ob es denn auch Spiele für die Computer geben würde. Computerspiele? Wir machten uns schlau und fanden heraus, dass es in England ein oder zwei Bücher mit Binärcodes gab, also Nullen und Einsen, mit denen man so etwas wie kleine Ping-Pong-Spiele erstellen konnte. So begannen wir, nächtelang Nullen und Einsen in unsere kleinen Computer zu tippen. Hatten wir uns nur ein einziges Mal vertippt, war alle Mühe umsonst gewesen. Aber wenn wir ein Computerspiel zum Laufen brachten, war unsere Freude unbändig.

Die Spiele wurden auf Kassetten gespeichert. Wir tanzten durch die Wohnung und freuten uns ein Loch in den Bauch. Dann fragten wir unseren Boss in Aachen: Dürfen wir diese Kassetten mit den Spielen im Geschäft in Düsseldorf verkaufen? Er schüttelte etwas abwertend seinen Kopf und sagte: „Könnt ihr machen, aber dieser Blödsinn wird eh bald wieder vom Markt verschwunden sein." So begannen wir, in dem Computergeschäft mit Genehmigung unseres Chefs die ersten Computerspiele zu verkaufen und sie fanden reißenden Absatz. Gleichzeitig schalteten wir die ersten Anzeigen in der ersten Computerzeitung. Heute kann man sich gar nicht mehr vorstellen, dass es mal Zeiten gab, als die Welt noch keine Computerspiele kannte.

Ich wurde mutiger und selbstbewusster und boxte mich durch. Meine Minderwertigkeit wandelte sich langsam in einen leichten Selbstwert. Gleichzeitig ging gerade meine Beziehung dem Ende zu. Unsere Tochter konnte zum Glück zur Oma ziehen.

Nachdem es mit dem Verkauf der Spiele immer besser lief, wurden wir eines Tages zu unserem Chef zum Gespräch beordert. „Ihr hört jetzt mit diesem Blödsinn auf", sagte er. In dem Moment wurde meine neue Idee geboren. Ich sagte: „Wir hören nicht damit auf, sondern ich höre auf." Und ich begann, nach einem kleinen Ladenlokal in der Nähe zu suchen für einen Computer-spieleladen mit Versandhandel. Und ich fand einen Laden. 16 Quadratmeter groß. Nicht viel, aber es war mein Laden!

Der Laden war der Grundstein für meine Selbstständigkeit. Er war auch die Grundlage für mein Wachstum und Erkennen meines Selbst – für meine Sicherheit in mir. Plötzlich waren Fred und ich nicht mehr 24 Stunden am Tag zusammen. Ich lernte andere Menschen kennen, die mich wertschätzten, während ich zu Hause nur kleingehalten wurde. Ich empfand das erste Mal in meinem Leben so etwas wie Selbstanerkennung, Freude, Spaß. Freds und meine Macht- und Ohnmachtsspiele funktionierten nicht mehr so gut. Sein Ausweg war dann immer, sich im Alkohol zu ertränken und danach wie ein Monster über mich herzufallen.

Und genau da entstand eines Tages der Bruch und meine Chance: Während er wieder einmal total betrunken war, packten ich und unsere Tochter genau zwei Bettbezüge mit unseren Sachen (wir hatten ein Haus zusammen) und flüchteten zu meiner Freundin nach Köln. Das war das Ende unserer Ehe. Erst mal.

Es war ein Gefühl wie „Jetzt habe ich alles verloren", und gleichzeitig hatte ich alles gewonnen. Nämlich unsere Freiheit. Meine und die meiner Tochter. Ich fuhr sie ab da jeden Morgen über eine Stunde zur Schule und ging dann in meinen Laden. Ein Riesenaufwand, aber das war es auf jeden Fall wert.

Immer weiter in die finanzielle Freiheit

Ich bewarb mein Geschäft und die Computerspiele bei der allerersten Computerzeitung in Deutschland, der „Chip". Die Leute waren wie verrückt darauf. Kannst du dir das vorstellen? Ich, die sich immer kleingemacht hatte, kein Selbstwertgefühl besaß, wagte etwas ganz Großes.

Verkaufen hatte ich die letzten beiden Jahre gelernt. Es war eine herrliche Pionierzeit. Mein Englisch war mäßig und so halfen mir zwei bis drei Schüler vom Gymnasium um die Ecke, meine Ware zu ordern. Sie waren frische, aufgeweckte Jungs mit großem Enthusiasmus und Freude am Spiel. Sie kauften nach meiner Anweisung in England, Hongkong und Amerika und halfen beim Verkauf. Gemeinsam testeten wir alle neuen Spiele, um herauszufinden, welche besonders gut oder nicht so gut waren. Sie verdienten sich dadurch ihr Taschengeld und durften spielen.

Abends gingen wir zusammen aus. Das erste Mal in meinem Leben hatte ich Spaß mit Menschen: Wir lachten, tranken, tanzten und oft wurde die Nacht zum Tag. Ich kam mir vor, als wäre ich in meine Pubertät zurückgefallen. Judith, meine Tochter, war mittlerweile 16. Sie half mir nachmittags nach der Schule oft im Geschäft. Sie war immer so ein unglaublich wundervolles und herzliches, aufgeschlossenes und intelligentes Mädchen!

Wir genossen unsere Freiheit und fuhren zusammen in Urlaub. Mit ihrem Vater war das nicht möglich gewesen. Oft hatten wir Freunde im gleichen Alter. Sie fragte mich dann: „Mama wie alt ist deiner?" Wir kicherten und waren uns nah. Als sie etwas älter wurde, dachten alle, wir seien Geschwister. Wenn ich geschäftliche Termine hatte, begleitete mich meine Tochter. Zwei junge Frauen in einer Männerwelt. Gemeinsam erreichten wir immer unser Ziel. Wir waren in unserer Branche bekannt.

Unsere Mitarbeiterin, eine kleine, lustige und total lebensfrohe Rentnerin, verpackte die Spiele für den Versandhandel in einer 1,5 Meter mal 1,5 Meter großen Ecke im Laden. Von der ersten Minute an brummte der Laden und meine innere Sicherheit wuchs.

Meine Ehe war zerbrochen, aber ich dachte, alles ist okay. Ich hatte mein Geschäft und begann zu leben. Aber so einfach machte mir das Schicksal mein Leben doch nicht. Es schubste mich immer wieder in die „richtige Richtung", auch wenn ich das nicht immer so erkannte. Eher haderte ich öfter mit meinem Schicksal. Hatte ich nicht schon genug gelitten? So kam wieder eine Zeit, in der ich vor die Wahl gestellt wurde – zerbreche ich oder liebe ich?

Eines Morgens bekam ich einen Anruf von einem meiner Jungs aus dem Laden: „Dein Mann hat gestern Abend dein Geschäft übernommen, gleich das Geld aus der Kasse mitgenommen und uns angewiesen, jetzt für ihn zu arbeiten." Oh mein Gott, was sollte ich denn jetzt machen? Aus Angst vor seiner Gewalttätigkeit blieb ich erst mal in Köln. Sammelte neue Kräfte. Jeden Tag berichteten mir meine Schüler über die Vorgänge im Geschäft. Köln war meine Heimatstadt, und als ich mich ein bisschen „berappelt" hatte, war mein nächster Gedanke: Dann mache ich hier jetzt einen Laden auf.

Ein Ladengeschäft war schnell gefunden und beim Um- und Aufbau waren wir, meine neue kleine Crew und ich, manchmal ziemlich lange bis nachts zugange. So lernte ich nach mehreren Jahren, die ich in Düsseldorf gelebt hatte, meine Heimatstadt von einer ganz anderen Seite kennen, und die wundervollen Kölner mit ihrem ganz eigenen Charme machten es mir leicht, hier wieder Fuß zu fassen.

Während wir umbauten und einrichteten, kamen die Nachbarn oft bis mitten in der Nacht und fragten zum Beispiel: „Braucht ihr was zu essen?" oder „Ist schon okay, dass ihr die Musik so laut habt, sonst schlaft ihr ja ein" und „Wenn ihr Hilfe braucht, sagt Bescheid". Nachbarn eben. Menschen, die ich vorher nicht kannte, aber jetzt.

Meine Schüler in Düsseldorf teilten mir nach einigen Wochen mit, dass die Luft wieder rein und Fred wieder abgezogen sei. Jetzt hatte ich zwei Läden. Nach etwas mehr als einem Geschäftsjahr machte ich eine Million Deutsche Mark Umsatz.

Ich expandierte.

Wo die Angst ist, ist der Weg

Als ich jung war gab es einen Spruch: *„Das Leben ist wie eine Hühnerleiter. Man kommt vor lauter Scheiß nicht weiter."*

Je nachdem, mit welchen Augen, mit welcher Einstellung man sein Leben betrachtet, kann es einem sicher so vorkommen. Für mich gibt uns das Leid eine tiefe Wachstumschance, das Leben in vielen Facetten erleben zu können und daran zu wachsen.

Heute könnte ich das Leiden anderer Menschen nicht verstehen, hätte ich es nicht selber durchlebt. Ich kann Angst nur verstehen, weil ich sie selber durchlebt habe. In mir erwuchsen dadurch Erkenntnis und Mitgefühl. Und auch meine innere Freiheit.

Ich selbst wurde im Laufe meines Lebens immer wieder geprüft und durfte mir meine Freiheit im Außen erkämpfen, bis ich meine Freiheit im Innen fand. Heute ist noch die bedingungslose Liebe hinzugekommen.

Ich hatte so viele Ängste in dieser damaligen Zeit und dachte: Wie komme ich da nur raus? Wie lasse ich die Angst hinter mir? Stecke ich am besten den Kopf in den Sand, bis alles vorbei ist? Nein, ich schaue ihr ins Gesicht, gehe auf sie zu und durchschreite sie!

So lernte ich, Schritt für Schritt: Wo die Angst ist, ist der Weg. Und ich hielt mich daran. Heute weiß ich, dass Angst überwunden werden kann, und dass es entweder Angst oder Liebe gibt. Bin ich in der Angst, finde ich die Liebe nicht in mir. Bin ich wirklich in Liebe, gibt es keinen Raum für Angst.

Lange Zeit waren meine größten Ängste die, alleine zu sein. Ich verspürte in mir ein so tiefes Einsamkeitsgefühl, dass ich manchmal nicht wusste, wie ich es aushalten sollte. Nur in einer Beziehung hielten sich diese Gefühle in Grenzen.

Außer den Existenzängsten hatte ich große Angst, alles zu verlieren und unter der Brücke zu landen. Angst, dass meinem Kind etwas passiert. Angst, dass mein Mann mich verlässt. Angst, betrogen zu werden. Angst, dass mich niemand liebt. Angst, dass ich etwas getan habe und es aufgedeckt werden könnte. Angst, dann mein Gesicht zu verlieren und nichts wert zu sein All das vereinte sich zu einer Wolke aus Angst, Abhängigkeit und Sucht.

Wenn wir Angst haben, können wir in dem Moment kein anderes Gefühl mehr zulassen. Das Ego hat uns fest im Griff und freut sich über seine Herrschaft. Wir dagegen fühlen uns ohnmächtig. Wenn ich in ihre tiefsten Tiefen schaue, dann haben wir in solchen Momenten Angst, uns zu verlieren, nicht mehr existent zu sein. Tot zu sein. Die größte Angst der Menschen scheint die Angst vor dem physischen Tod zu sein. Aber eigentlich fürchten wir, *nicht mehr zu existieren.*

Ganz anders, wenn wir in der Liebe sind.

Wenn ich in der Liebe bin, liebe und wertschätze ich mich selber, nehme mich, wie ich bin, bewerte nicht jedes Handeln, habe inneren Frieden und vertraue. Vertraue, dass alles, was in meinem Leben geschieht, zu meinem Wohle geschieht. Die Liebe ist wie eine ständige Umarmung meines Selbst durch Selbsterkenntnis, ohne Ego.

In meiner Selbsterkenntnis bin ich mir bewusst, dass ich ein spirituelles Wesen bin, das in einem menschlichen Körper seine Erfahrungen macht. Dass ich einen wundervollen Körper habe, der einmalig funktioniert, dem ich dankbar bin. Jeden Tag dankbar für dieses Leben.

Wenn die Liebe so stark ist, dann hat das Ego keine Macht mehr und die Ängste bleiben aus.

Ich, Insha, entzünde am Morgen eines jeden Tages zwei Kerzen mit den Worten und Gedanken*: „Ich öffne das Tor des Lichtes für einen neuen Tag der Liebe. Danke für alles, was mir heute begegnet. Danke für die Begleitung aller meiner geistigen Helfer. Ich freue mich auf diesen Tag."* Und dann segne ich diesen Tag, segne meinen Lehrer, meine Arbeit, segne meine Kinder und meine Schüler und öffne mein Herz für wundervolle Begegnungen.

- Vertraue immer deinem Weg. Schau deinen Ängsten ins Gesicht und geh durch sie hindurch. Das bringt dich in deine persönliche Freiheit.

- Triff Entscheidungen, die deiner eigenen Wahrheit entsprechen, auch wenn es manchmal wehtut.

- Wo die Angst ist, ist der Weg. Um eine Angst zu überwinden, anerkenne deine Angst, schau ihr in die Augen und gehe genau den Schritt der Angst in deinem Leben. Das bedeutet: Wenn du verschiedene Optionen hast, dann wähle immer den Weg der Angst und du wirst sehen, es passiert nie das „Schlimme", das du dir vorgestellt hast. Mit der Zeit wirst du stark und stärker und vertraust immer mehr.

- Wenn du ein Ziel vor Augen hast, lasse dich durch nichts abbringen.

Für dich zur Reflexion:

- *Hast du schon mal darüber nachgedacht, warum du Prüfungsangst hast?*

- *Was ist der wahre Grund?*

- *Wie geht es dir damit, wenn du hörst, dass jemand schlecht über dich geredet hat?*

- *Fühlst du dich manchmal einsam – ohne Grund?*

- *Fühlst du dich manchmal abhängig oder süchtig nach etwas oder jemandem?*

- *Was liebst du an dir?*

- *Was liebst du an anderen Menschen in deiner Umgebung?*

- *Was könnte dir dabei helfen, in die eigene Sicherheit und deine innere wie äußere Freiheit zu kommen, Schritt für Schritt – Quadratmeter für Quadratmeter wie ich mit meinem ersten eigenen Laden?*

KAPITEL 3

Finanzielle Freiheit und meine zweite Liebe

Eine Million Deutsche Mark Umsatz. Das war eine Riesensache!

Interessanterweise hatte ich trotzdem immer noch das Gefühl, nicht gut genug zu sein. Ich hatte unglaubliche Angst, unter der Brücke zu landen. Ganz haben diese Existenzängste übrigens nie aufgehört. Doch ich habe inzwischen gelernt, dieses Gefühl als Motivator zu nutzen. Damit meine ich: Früher haben mich meine Existenzängste total lahmgelegt, wenn sie zu groß waren. Ich konnte weder essen noch schlafen und fiel in tiefe depressive Zustände. Als ich mehr und mehr lernte, mir zu vertrauen, konnte ich mich, wenn mich die Angst wieder mal überfiel, hinsetzen und nach dem nächsten besten Schritt suchen – und ihn dann auch gehen.

Heute sehe ich es wie kleinere oder größere „Arschtritte", die mich ins Tun brachten, damit ich kontinuierlich weiter an meinen Zielen arbeiten konnte.

So lernte ich zweierlei:

1. Ich erkannte eine ganz alte Kirchenprägung in mir. Konnte ich mir zugestehen, reich zu sein? Ich wollte doch gut sein, geliebt werden! War nicht Jesus in seiner Liebe das große Vorbild von Armut? Das hatte ich in der Kirche gelernt. Ja, ich gestattete mir keine Fülle, weil ich unbe-

wusst dachte: „Dann bin ich nicht liebenswert." Als ich das erkannte, dass ich reich sein darf und trotzdem geliebt werde, dass Reichtum etwas Gnadenvolles und Herrliches ist, da brach ein neues Bewusstsein in mir durch, und ich wusste in dem Moment ganz klar: „Ich werde nie mehr arm sein. Ich werde immer genug haben. Und ich werde von jetzt an erfolgreich sein." Ich sagte mir: Sollte ich tatsächlich „zu viel" Geld haben, konnte ich es ja immer noch verschenken.

2. Ich lernte auch, dass ich, obwohl ich aus der Kirche ausgetreten war, beten kann – und dass meine Gebete erhört werden. Vor allem, wenn ich nicht mehr weiterweiß. Und so halte ich es auch heute noch. Wenn ich mit meinem eigenen Latein am Ende bin, dann bete ich zu Gott: „Herr, schick mir die Menschen und Situationen in mein Leben, die mich erkennen lassen, wo mein nächster Schritt ist." Das ist einer der besten Türöffner überhaupt, den ich dir geben kann.

Natürlich schmuggelte sich der kleine Zweifel immer mal wieder ein. Aber ich erkannte: Auch er will eigentlich nur geliebt werden.

Gib deinem kleinen Zweifel Aufmerksamkeit, liebe ihn. Ähnlich wie viele Menschen gelernt haben, ihr inneres Kind zu lieben und wertzuschätzen. Lerne, ihn zu lieben. Er wird sich dann immer weniger zeigen, und du wirst immer freier und freier.

Mein zweites Leben: Noch mal Mutter!

Meine Hörigkeit und Abhängigkeit hatte ich überwunden. Ein neues Leben begann und meine Minderwertigkeitsgefühle veränderten sich. Geschäftlich hatte ich sie überwunden, oder sagen wir mal „im Griff", privat hielten sie sich noch sehr lange in meinem Leben auf.

Aber wenigstens einen Teil an Selbstwert und Freiheit hatte ich mir schon erobert.

Was mich gleichzeitig seit meiner Kindheit begleitete, war diese tiefe Traurigkeit in meinem Inneren. Oft schwebte ich zwischen Himmel und Erde. Da gab es auch erst mal keinen sicheren Ausweg, zumindest nicht für mich. Ich lebte eigentlich zwei Leben: ein Leben als Geschäftsfrau und eins als Ehefrau und Mutter.

Menschen, die mich privat kannten, konnten sich nie vorstellen, dass ich eine erfolgreiche Geschäftsfrau war. Sie trauten mir das nach meinem privaten Verhalten nicht zu.

Und dann fing mein Leben noch ein zweites Mal an: Ich wurde noch mal Mutter, nach 20 Jahren! Von einem neuen Mann. Ich bekam einen Sohn, und meine Tochter bekam ein Brüderchen.

Ich hatte mir vom Universum einen Partner gewünscht, bei dem ich nach den 19 Jahren meiner „Liebeshörigkeit" heilwerden konnte. Und das Universum schickte ihn mir. Ich dachte, als ich ihn sah: „Ein lieber Bär, in den ich mich hineinkuscheln kann, der mir nicht wehtut und der mich beschützt."

So war er auch. Bis unsere gegenseitige Partnerarbeit losging.

Ich wusste damals noch nicht, dass unsere Partner unsere Spiegel sind, und so arbeiteten wir unser gegenseitiges Karma gut ab.

Was meine ich damit?

Karma bedeutet: „Jede Ursache erzeugt eine Wirkung."

Wenn ich in einem früheren Leben eine Ursache gesetzt habe, dann kann es sein, dass sie mir in Form eines Partners in diesem Leben wieder begegnet, und ich kann sie bereinigen, neu durchleben, durchlieben und frei werden.

Das heißt nicht, dass es einfach ist, aber wir werden frei und dürfen unserem Partner immer wieder sagen: „Danke für all das, was ich durch dich erfahren und lernen darf." Was auch immer es sei.

Unsere Partner sind wirklich unsere Spiegel. Auch wenn wir meinen, unser neuer Partner sei ganz anders als der Alte und natürlich vollkommen anders als wir, können wir erkennen, wenn wir gaaaanz ehrlich mit uns selber sind und ganz tief in unser Eingemachtes eintauchen, dass wir die gleichen Verhaltensweisen in uns tragen – auch wenn wir sie im Außen nicht leben.

Unser Partner zeigt sie uns auf, damit wir sie in uns erkennen und anerkennen. Haben wir dies wirklich getan, hört unser Partner in der Regel auf, diese Eigenschaft zu leben. Wie von Zauberhand verschwindet sie. Dafür kann natürlich ein neues Thema auftauchen (*augenzwinker).

Wenn alle Muster und alles Karma abgearbeitet sind, haben wir die echte Chance, nur noch in Liebe miteinander zusammenzuleben. Frei. Die meisten Menschen schaffen es nicht. Sie geben vorher auf und suchen sich einen neuen Partner, der „ganz anders" ist. Und das Spiel geht von vorne los ... Ich empfehle dir, wenn du wirklich reifen und Altes ablegen willst, gib dir die größte Mühe. Vertraue darauf, dass du das mit deinem Partner schaffst. Entweder lebt ihr danach die wahre große Liebe oder ihr trennt euch. Aber du musst nicht mit einem neuen Partner die gleichen Lektionen noch mal bearbeiten.

Was der neue Mann in meinem Leben hatte, und was großartig war: Er hatte ein Herz aus Gold. Wenn er wollte. Unendlich viel Liebe. Wenn es ihm passte. Und eine große Wahrnehmungsfähigkeit, die mich beeindruckte. Für ihn war das ganz normal.

An seiner Seite kam ich privat zur Ruhe. Er zeigte und lebte mir vor, dass man tatsächlich frei von Existenzängsten sein kann. Dass man dem Leben in jeder Phase, ob man oben oder unten ist, etwas abgewinnen kann, und dass das Glas immer halb voll statt halb leer sein kann. Wir entscheiden das.

Ich kann mich an keinen Morgen erinnern, wo er nicht schon beim Aufstehen „unangenehm" gute Laune hatte, während ich erst mal langsam wach werden musste. Gleichzeitig lernte ich, diese Fröhlichkeit und Unbeschwertheit sehr zu schätzen.

Von der Schulabbrecherin zur Millionenunternehmerin

Meine Geschäfte wuchsen weiter. Aus zwei Läden wurden acht, zwischen Essen und Frankfurt verteilt. Mein Versandhandel erweiterte sich mit den Jahren auf 100.000 Kunden und ein Großhandel für Computerspiele kam dazu. Meine Tochter arbeitete mittlerweile Seite an Seite mit mir. Es war total beglückend für mich.

Die Zahl meiner Mitarbeiter wuchs auf 40 tolle junge und motivierte Menschen an, die ich von Herzen liebte und wertschätzte. Ich erkannte, wie wichtig es ist, einen Menschen wirklich zu „sehen" und ihn in seiner ganz eigenen Art anzuerkennen und zu verstehen.

Wenn das gegeben ist, dann entsteht eine klare und liebevolle Kommunikation, die ohne Umwege zum Ziel führt. Eine ganz wichtige Erkenntnis, um Menschen in die Liebe zu führen. Zum ersten Mal machte ich die Erfahrung, dass sich Ehrlichkeit und Loyalität auszahlen. Wenn ich in schwierige geschäftliche Situationen kam, konnte ich mich immer auf meine Geschäftspartner und auch auf meine Mitarbeiter vollkommen verlassen. Sie zeigten mir jederzeit wahre, echte Menschlichkeit, die durch Vertrauen und Anerkennung entstehen.

Ich begegnete meinem Ex-Mann Fred wieder. Wir räumten unsere alten Dispute beiseite und begannen wieder, in freundschaftlicher Weise miteinander zu arbeiten. Er schrieb mir geniale Computer-Programme, mit denen ich mein ganzes Unternehmen leicht führen konnte. Unter anderem programmierte er mir alles für unseren Onlineshop – den ersten Onlineshop im Markt in unserer Branche.

Wir arbeiteten zusammen, bis auch diese Zeit nach einer Weile auf eine unschöne Weise ihr endgültiges Ende fand.

Wieder hatte ich gelernt:

Es kommt immer alles, was ich brauche, zur rechten Zeit, und es verlässt mich auf die eine oder andere Weise wieder zur rechten Zeit.

Auch wenn es manchmal mit Umständen einhergeht, die man sich erst mal nicht so gewünscht hätte.

Ich lernte, zu mir zu stehen, weitere Ängste zu überwinden, freier zu sein, mehr zu vertrauen.

Dies alles waren sehr wichtige Lernschritte auf meinem Weg. Wie Zwiebelschichten, die nach und nach abgeschält wurden.

Meine Arbeit war wahre Pionierarbeit auf diesem neuen Markt und ich hatte Erfolg. Was gibt es Schöneres, als sich bestätigt zu fühlen? Gleichzeitig birgt es auch eine Gefahr: Ich wurde zum Workaholic, ohne dass ich es merkte.

Ich verbiss mich immer mehr in meine Arbeit, lebte meinen geschäftlichen Erfolg aus. Auch zu Hause setzte ich meine Ansichten gegenüber meinem Mann durch. Doch dann fragte mich eines Tages die Lehrerin unseres Sohnes:

„Ist Ihr Kind eigentlich ein Wunschkind?"

Das traf mich unerwartet. Mein Sohn war in der 2. Klasse und die Lehrerin bat mich eines Tages zu einem Gespräch. Als sie mich das fragte, dachte ich: „Blöde Frage, natürlich ist er ein Wunschkind!" Denn das war er auch und ist es immer noch.

So lange hatte ich mir noch ein zweites Kind gewünscht. Und er wuchs doch mit allem auf, was ich mir in meiner Kindheit gewünscht hatte: tolles Wohnviertel, großes Haus, Haushälterin, Garten. Aber, und das bereitete mir echtes Kopfzerbrechen, er hatte keine Freunde. Und lesen konnte er auch noch nicht.

Seine Lehrerin wusch mir gehörig den Kopf. Entweder sollte ich eine Kinderfrau für ihn anstellen oder weniger arbeiten, sonst müsse ich damit rechnen, dass er in der Pubertät beginnen würde, Drogen zu nehmen. Das erschütterte mich in meinem tiefsten Seelengrund.

Mein Sohn, mein Augenstern, mein Liebstes auf der Welt – und ich hatte nichts gemerkt.

Ich war in die Rolle meines Vaters geschlüpft. Viel arbeiten, viel Geld verdienen. Viel äußeres Ansehen, viel gesellschaftliche Anerkennung. Doch was war wichtiger als mein Kind?

Ich war voll mit dem Kopf gegen die Wand geknallt und hatte mir blaue Flecken geholt.

Mehr für meinen Sohn da zu sein hieß aber auch, auf Einkommen zu verzichten. War ich dazu bereit? Nach so vielen Jahren des Mangels verdiente ich doch endlich mal richtig gutes Geld!

Ich hatte beides erfahren: Arm zu sein wie eine Kirchenmaus und jetzt wirklich guten Wohlstand. Wie sollte ich mich entscheiden?

Es war eine neue Prüfung, die ich mit mir selber austrug – und die ich gewann. Ich entschloss mich, weniger zu arbeiten und immer ab mittags für mein Kind zu Hause zu sein.

Als hätte das Universum mal wieder vorgearbeitet, hatte ich seit einiger Zeit einen wunderbaren und sehr kompetenten Menschen in der Firma, den ich jetzt fragte, ob er mein Geschäftsführer werden wollte. Er sagte mit Freuden zu.

Ab da übernahm er die strategische Führung. Ich wendete mich allen zwischenmenschlichen Bereichen zu und den Visionen für die Zukunft der Firma. Was ich liebte, war die Mitarbeiterführung und die Verhandlungen mit unseren Händlern und Kunden. Das war meins. Ich fühlte mich neuer, freier, einfach toll!

Die natürliche Folge dieser Veränderungen war, dass ich mehr für meinen Sohn da sein konnte und auch mehr Zeit für mich hatte. Und, wie zufällig, schenkte mir meine beste Freundin mein erstes spirituelles Buch: „Schicksal als Chance" von Thorwald Dethlefsen. Das werde ich nie vergessen. Es eröffnete mir eine neue Welt.

Ab da begann wieder eine neue Reise – mein Leben nahm noch einmal richtig Fahrt auf. Diesmal in eine ganz andere, spannende Dimension!

- Prüfe deine Glaubenssätze: Kommen sie aus dem Herzen oder sind es Prägungen?

- Lass dich von deinem Kopfkino und von deinem kleinen Zweifel nicht irritieren. Was sagt dein kleiner Zweifel? Höre ihm zu und lerne, ihn zu erkennen.

- Mein Tipp: Wenn er dich zu sehr in Anspruch nimmt, gib ihm einen Platz außerhalb deines Körpers. Visualisiere ihn zum Beispiel auf einem Stuhl im Raum, bis du deine Arbeit ohne diese Zweifel erledigt hast oder wieder ruhig in dir bist. Dann hole ihn wieder herein in dein Herz.

- Betrachte deinen Partner als Spiegel. Er ist Ausdruck deiner unbewussten Themen. Was könnte es sein, was du von ihm lernen darfst?

- Verstärke die Qualitäten deiner Mitmenschen durch liebevolle Zuwendung, anstatt die Schwächen zu bekämpfen.

- Übernimm Verantwortung und öffne dich für neue Möglichkeiten, die daraus entstehen.

- Nutze deine Ängste als Motivator.

Für dich zur Reflexion:

- *Welche Glaubenssätze und inneren Zweifel kennst du?*

- *Lebst du schon ein „deckungsgleiches" Leben – bist du privat die, die du auch beruflich oder im Geschäft bist? Wie nehmen dich andere wahr? Wie nimmst du dich wahr?*

- *Welche Themen spiegeln dir dein Partner und die Menschen in deiner Umgebung?*

- *Wie gehst du mit deinen Kollegen oder Mitarbeitern um?*

- *Welche Veränderungen, beruflich oder privat, würden dich in eine neue Freiheit führen – in eine neue Dimension?*

KAPITEL 4:

Von der Unternehmerin zur Heilerin

Bevor ich Thorwald Dethlefsens Buch las, hatte ich zwar schon ein paarmal orange gekleidete Gestalten mit langen Haaren, weiten Röcken und verklärten Gesichtern durch die Kölner Fußgängerstraße laufen sehen, Zimbeln schlagend und „Hare Krishna" singend, aber das waren für mich damals keine „normalen" Menschen. Normal war ich, dachte ich. Ich hielt sie eher für weichgespülte, gehirngewaschene Weicheier. Auch ging damals gerade die ganze Geschichte mit der Sekte von Osho durch die Presse. Das machte mir Angst.

Konnte es wirklich passieren, dass man die eigene Freiheit aufgab für einen sogenannten Guru? Heute glaube ich, dass Lehrer und Guru eins sind. Guru ist die Ausdrucksform der Inder zum Beispiel. Dort fühlt sich jedermann gesegnet, wenn er einen Guru, einen Lehrer hat. Bei uns im europäischen Sprachraum hat und hatte die Bezeichnung Guru immer die Assoziation mit Sekte. Für mich jedenfalls damals. So konnte man es gut in der Presse verfolgen. Die Bezeichnung des spirituellen Lehrers und welche persönliche Freiheit er einem Menschen bringen kann, kannte ich zu dieser Zeit noch nicht. Ich selber hatte mich ja fast mein Leben lang in Abhängigkeit gefühlt und war gerade dabei, mich endlich zu befreien!

Deshalb folgte ich bis dahin immer dem Spruch meiner Mutter: „Wenn du nicht weiterweißt, Kind, schalte deinen Kopf ein. Dort findest du die Lösung." Damit lebte ich und damit funktionierte es am besten. Meistens jedenfalls. Dass ich natürlich auch damals schon intuitiv „aus dem Bauch heraus" dachte, wusste ich nicht. Das war so weit von mir entfernt, dass ich nie auf die Idee gekommen wäre.

Die Esoterikszene kannte ich am Anfang gar nicht, sondern nur Begegnungen der „dritten Art", die ich lächerlich fand oder die mir, wie die Osho-Geschichte, Angst machten.

Meine Freundin war sozusagen mein Türöffner für meinen spirituellen Weg. Als sie bei unseren Gesprächen immer mal wieder sagte: „Ich will nach Hause", obwohl wir doch bei ihr zu Hause waren, verstand ich erst mal nur Bahnhof.

Irgendwann traute ich mich, sie danach zu fragen: „Was meinst du eigentlich damit?" Und sie erzählte mir, dass „zu Hause" für sie bedeutete, in ihrem Himmel zu sein, endlich die Erde wieder verlassen zu können, zu sterben. Sie will sterben! Ach, du meine Güte, hätte ich doch bloß nicht gefragt! (Sie hat sich ein paar Jahre später auch wirklich umgebracht.)

Mit dem Tod beschäftigt man sich nicht, der Tod kommt, wenn man alt ist, und auch dann denkt man am besten nicht darüber nach. So dachte ich damals. Die Angst überflutete mich wie eine Ozeanwelle und ich verbarg das Thema erst mal für eine Weile wieder tief in mir.

Aber dann las ich das Buch „Schicksal als Chance". Thorwald Dethlefsen zeigt in seinem Buch, dass die Wissenschaft die Geschichte menschlicher Irrtümer ist. Er erklärte mir hier die Esoterik – die unwissenschaftliche Art, die Wirklichkeit zu betrachten. Ich, die Wissenschaftsgläubige, bekam hier die Wissenschaft erklärt!

Jedes Kapitel verschlang ich und wurde schon beim Lesen ein anderer Mensch. Oder besser gesagt, fielen beim Lesen alte Schleier, die mein tiefes Verständnis für *die Dinge hinter den Dingen* verborgen hatten, von mir ab. Ich öffnete mich, öffnete mich immer mehr. Ich war richtig „infiziert". In Köln gab es eine Esoterikbuchhandlung auf der Ehrenstraße und ich wurde sicher eine der besten Kundinnen dort.

Hier fand ich Bücher über ein Leben nach dem Tod, wo Menschen, die klinisch tot und wieder ins Leben zurückgekommen waren, alle das Gleiche berichteten: Beim physischen Tod stirbt zwar der Körper, aber mein ICH, meine Seele, lebt weiter und inkarniert irgendwann neu, in einem neuen Körper.

Wenn der Körper stirbt, steigt die Seele aus dem Körper aus und alle berichten, dass es dann so schön ist, dass sie eigentlich nicht wieder zurückwollten.

Wir sind alle unsterblich. Ich beschäftigte mich viel damit und nach und nach verlor ich die Angst vor dem menschlichen Tod. Was ich aber immer noch in mir spüren kann, und auch bei vielen Menschen gesehen habe, die ich durch ihre eigene Angst vor dem Tod führen durfte, ist die Angst zu sterben. Die Angst, nicht mehr existent zu sein. Ich würde es als die Urangst bezeichnen.

Warum das so ist, das habe ich noch nicht erforscht! Aber ich bin sicher, die Erkenntnis wird auch noch zu mir kommen. Morgen?! Irgendwann!? Zur rechten Zeit.

Ich hatte also eine neue Welt gefunden. Las gefühlt eine ganze esoterische Bibliothek leer. Und merkte, dass mich Bücher, die auf irgendeine Art und Weise über Heilung erzählten, faszinierten.

Was war es, das mich da so anzog an dieser neuen Welt? Ja wie soll ich dir das am besten beschreiben? Schon immer, oder zumindest schon sehr lange, hatte ich das Gefühl, dass mein Leben irgendwie nur ein „Fake" war. Als lebte ich nur an der Oberfläche, als spielte ich nur Leben anstatt zu leben. Auch wenn meine Tage, Wochen, Jahre sehr ausgefüllt waren, war da etwas in meinem Inneren, das nach mehr verlangte. Ich wusste: Es muss noch mehr geben. Und jetzt war sie da, die Tiefe, die Erkenntnis, der Wunsch nach Selbsterkenntnis, nach MEHR!

Also wandte ich mich in meiner Freizeit dem geistigen Heilen zu. Mein allererster Kurs, den ich besuchte, war ein Reikikurs und ich lernte meine erste spirituelle Lehrerin kennen. Meine Lehrerin deshalb, weil sie mein Vorbild für einige Zeit war. Ich besuchte alle Kurse bei ihr bis zum Reikimeister und Lehrer.

Als ich ihr einmal sagte, wie wunderschön sie sei, sagte sie etwas sehr Wahres, wie ich heute weiß. „Wenn du mich anschaust, schaust du in den Spiegel deiner eigenen Schönheit". Ich war tief berührt.

Heute weiß ich auch, dass ihre gelebte Liebe sie in meinen Augen so schön machte und nicht ihr physisches Aussehen.

Hier lernte ich nun, dass man sich als Kanal für universelle Energie zur Verfügung stellen kann und Energieübertragung über die Hände fließt. Das erste Mal in meinem Leben erlebte ich bewusst, dass meine Hände heiß wurden, wenn ich sie jemandem auflegte. Bis heute ist dieser Moment für mich unvergesslich. Es war wie eine Initiation in mein Heiler-Sein.

Während ich dies schreibe, erinnere ich mich an die Worte meiner Mutter, dass ich, als ich noch sehr klein war, schon Hände bei ihr aufgelegt hatte, wenn sie Schmerzen hatte. Damals war mir noch nicht bewusst, dass dies eine große Heilerfähigkeit von mir war.

Das Vertrauen in meine Fähigkeiten wächst

Jetzt war es mein Sohn, der meine Fähigkeiten gut gebrauchen konnte: Bisher waren wir sehr gute Patienten bei der Kinderärztin gewesen. Als er schon wieder eine heftige Bronchitis hatte und bereits eine Antibiotika-Behandlung nicht gewirkt hatte, fragte ich: „Und was jetzt?" Die Kinderärztin sagte: „Wir probieren jetzt ein anderes Antibiotikum aus." „Und wenn das auch nicht wirkt?", fragte ich. „Dann gibt es noch ein drittes, das wir ausprobieren können."

Das war's dann für mich. Mein Sohn war ein kleines, dünnes und empfindliches Kind, und die Medikamente schwächten ihn mehr, als dass sie halfen. Seit dieser Zeit sah mein Sohn keinen Arzt mehr. Ich legte ihm die Hände auf und wahrscheinlich weißt du schon, was passierte. Er war nie wieder krank.

Das war für mich so überzeugend, dass ich nun auch meinen Mitarbeitern von meinen „neuen Fähigkeiten" erzählte. Ich war so begeistert, dass kein Platz für Zweifel war. Nach ein wenig anfänglicher Scheu kamen meine Mitarbeiter dann auch, wenn irgendein Zipperlein im Anmarsch war, und baten mich, meine Hände aufzulegen.

Und so machte ich weiter. Ich hatte Blut geleckt. Und das Gesetz der Resonanz, das ich heute ja ganz gut kenne, entfaltete seine Wirkung: Auf einmal lernte ich Menschen kennen, die sich mit den gleichen Themen befassten wie ich. Menschen, die sich vorher nie „geoutet" hatten mit ihren Überzeugungen und Fähigkeiten. So kam eins zum anderen.

Ich fand meinen Geistheillehrer Rudolf Lippert und gleichzeitig ein wundervolles Medium aus der Schweiz, Priska Arnold. Sie führte Channelings durch. Die beiden wurden meine Lehrer. Über ein Jahr lang ging ich bei Rudolf in die Schule für Geistheilung und bei Priska lernte ich die Zusammenhänge des Universums und vieles mehr.

Ich lernte die „Metamorphose", eine energetische Heilarbeit, in der über die Füße pränatal gebundene Lebensenergie gelöst wird und wieder frei fließen kann. Es findet eine Loslösung von vergangenen Zeiten statt und eine neue klare Ausrichtung auf das Jetzt. Das war natürlich auch für mich selbst total hilfreich!

Ich lernte erstmals die verschiedenen „Körper" kennen, die wir haben, und wie man sie reinigt. Außer unserem physischen Körper gibt es noch feinstoffliche Körper um uns herum, die sogenannte Aura. Ich lernte auch die verschiedenen Rhythmen unseres Gehirns kennen: den Alpha-, Beta-, Theta- und Delta-Zustand. Auch die Unterschiedlichkeit unserer beiden Gehirnhälften entdeckte ich. Das Faszinierendste war für mich damals, mit den tieferen Bedeutungen von Krankheit in Kontakt zu kommen: Ich lernte Verhaltensmuster zu lösen und Bewusstsein zu klären.

Es ist interessant: Wenn ich mich jetzt an alles erinnere, was ich vor fast 30 Jahren schon gelernt und studiert habe, dann erkenne ich, dass die Themen die gleichen geblieben sind. Sie haben sich nur vertieft. Ich verstehe heute viel mehr oder ich könnte auch sagen, ich habe „sehen" gelernt. Hellsehen, hellfühlen, hellhören.

Was ich damals noch lernte:

- Umgang mit Ärger – warum ärgere ich mich?

- Emotionen, was sind Emotionen und welche gibt es?

- Spiegeltechnik, wie kann ich erkennen, wo ich nicht in Harmonie bin?

- Heimführung orientierungsloser Seelen

- Die sieben Bewusstseinsebenen

- Die geistigen Gesetze

- Atmung

- Chakren

- Energie lesen

- Die Dimensionen und ihre Aufgaben

- Die Erzengel und ihre speziellen Aufgaben

… und vieles mehr.

Und ich erkannte Folgendes:

- Ich bin ein spirituelles Wesen, das zurzeit irdische Erfahrungen macht.

- Ich erkenne und akzeptiere jetzt, dass jede Situation, die mir begegnet, eine Szene des Theaterstücks ist, das ich selbst vor meiner Inkarnation geschrieben und inszeniert habe, um Erfahrungen zu sammeln.

- Ich erkenne und akzeptiere, dass ich alle Spieler in diesem Theaterstück selber ausgesucht und gebeten habe, diese Rolle für mich zu spielen.

- Ich höre hier und jetzt und für immer auf, mich auf der Persönlichkeitsebene so tief mit dieser Rolle zu identifizieren, dass ich darin stecken bleibe.

Dann lernte ich durch eine Freundin Master Choa Kok Sui kennen. Er war ein philippinischer Meister und Begründer des Pranic-Healing. Meine Freundin assistierte ihm bei seinen Seminaren und war seine persönliche Masseurin, wenn er in Deutschland weilte. Ich machte auch bei ihm jede Fortbildung, die er anbot. So lernte ich die Geistheilung wieder von einer anderen Seite kennen.

Auch Mama und Tochter machen mit

Von meiner Begeisterung ließen sich auch meine Mutter und meine Tochter anstecken und wir besuchten gemeinsam Kurse von José Silva über die Silva Mind Methode. Auch hier ging es natürlich um Heilung, um Wahrnehmungsschulung und die bewusste Beeinflussung des Körpers. Wie zum Beispiel Levitation.

Eine Szene weiß ich noch wie heute: Wir setzten uns ruhig hin, brachten uns in einen entspannten Zustand (das hatten wir vorher gelernt) und stellten uns vor, wie sich ein Arm hebt – ohne den Arm durch Muskelkraft zu bewegen. Und da passierte es dann: Mama saß links neben mir und meine Tochter rechts von mir. Aus den Augenwinkeln sah ich, wie Mamas und Judiths Arme hochgingen. Ich selbst kam einfach nicht aus dem Kopf. Mein Arm lag wie in Stein gemeißelt auf meinem Bein!

Mittlerweile kennst du mich ja und kannst dir sicher vorstellen, dass ich nicht aufgab. Ich übte, übte, übte. Wenn man so lange gewohnt ist, im Kopf zu sein, fällt das Loslassen echt schwer. Bei unserer Abschlussprüfung in der Silva Methode bekamen wir einen Namen und eine Stadt genannt und mussten diesen Menschen hinter dem Namen wahrnehmen: sein Alter, seine Statur, sein Krankheitsbild.

Ich hatte sooo Schiss vor dieser Prüfung! Schummeln ging nicht, weil die Personen, die wir beschreiben sollten, den Prüfern natürlich bekannt waren. Entweder ich lag richtig – oder total falsch. Als ich es tatsächlich schaffte, war das ein unglaubliches Hochgefühl. Ich hatte nicht aufgegeben. Ich war stolz auf mich.

Den Kurs gab es auch für Kinder, und die konnten sogar die Schuhgröße und die Originalhaarfarbe von Menschen mit gefärbten Haaren sehen. Wir lernten auch, Löffel durch Energie zu biegen, wie Uri Geller. Einmal hab ich´s geschafft. Aber meistens war ich zu sehr im Kopf. Mein damals kleiner Sohn, den ich in den Kinderkurs mitnahm, machte das mit Leichtigkeit!

Alle diese Tools und Erkenntnisse, Möglichkeiten und Methoden bereiteten mich auf meine eigenen Heilmethoden vor und sind heute in alles integriert, was ich tue.

Mit all diesen Dingen beschäftigte ich mich, während ich meine Firma führte. Ich lernte, was das Zeug hielt. Alles „nebenher".

Zu der Zeit hatte ich ungefähr 40 Mitarbeiter. Die meisten arbeiteten in meinen Filialen und ungefähr 15 in der Hauptstelle. Diese 15 trugen mit mir die ganze Firma und bekamen natürlich ganz viel von allem mit, was ich so „trieb". Wir waren wie eine Familie und so wussten wir auch viel voneinander. Morgens, wenn ich ins Büro kam, ein fast 500 Quadratmeter großes Loft, eine alte Autohalle, die ich umgebaut hatte, dann war es meine Angewohnheit, erst einmal an jedem Tisch stehen zu bleiben und zu fragen: „Wie geht es dir? Was macht deine Familie?" Und die Antwort zu hören. Ich ging auch ins Lager, das fast die Hälfte der Fläche einnahm und wo die dort beschäftigten Jungs einen sehr guten Job machten. Das Lager war durch Stahlglastüren von den Büros getrennt, und wir hatten während der Arbeit auch immer eine gute Kommunikation. Ich kannte jeden gut, auch unsere Putzfee.

So konnten wir aufkommende Krankheiten bereits im Keim ersticken – übrigens auch bei unseren Geräten. Denn seit ich „heilende Hände" hatte, legte ich sie auch auf einen defekten Drucker oder Computer und meistens funktionierten sie danach wieder!

Die Mitarbeiter in meinen Filialen hatten alle ihre Traumjobs. Sie liebten, was sie taten, und so war meine Heilfähigkeit hier gar nicht vonnöten. Wir waren eine tolle Gemeinschaft, in der einer für den anderen einstand. Ich glaube, das war auch der Beginn meiner besonderen Führungsfähigkeit in Liebe, die ich auch heute an Unternehmer und Führungspersönlichkeiten weitergeben darf. Mit anderen Worten: Es war nie jemand wirklich krank. Liebe heilt, das habe ich damals schon gelernt.

Während ich anfing, mich spirituell zu entwickeln und immer ausgeglichener und fröhlicher in mir wurde, wurde es zu Hause ungemütlich. Meine Veränderung wurde nicht gut aufgenommen. Ich war so anders!

Früher war ich in den alten Fußstapfen meiner Mutter und Oma gewandelt, nach dem Motto: „Die Frau sei dem Manne untertan." Ich hatte Geschäft, Haushalt, Kind und Kochen immer irgendwie unter einen Hut gebracht. Eine Haushaltshilfe, die ich seit einiger Zeit hatte, sorgte für etwas mehr Entspannung. Aber jetzt merkte ich, dass ich keine Lust mehr zum Kochen hatte. Über 20 Jahre jeden Tag kochen. Ich hatte die Nase voll! Aber mein Mann aß doch so gerne und ich kochte toll. Und jetzt?

Die Liebe bleibt

Auch in unserem Beziehungsleben reagierte ich auf einmal anders. Mir ging es wunderbar. Aber ich schien so anders zu sein, dass mein lieber Bär ärgerlich und misstrauisch wurde. Er ging zur Sektenberatungsstelle und erkundigte sich, ob das wohl alles koscher war, was ich da so machte.

Mir wurde plötzlich bewusst: Es konnte sein, dass sich durch all meine neuen Entwicklungen unsere Beziehung in ein neues Miteinander entwickeln würde – oder auseinanderbrach. Aber ich wusste auch, wo mich meine Sehnsucht hintrug: „zu mir selber." Und so machte ich weiter.

Wenn ein Partner sich bewegt und in seiner Entwicklung weitergeht, kann das eine große Chance für eine Beziehung sein. Mein Lehrer hat mal zu mir gesagt: Eine Beziehung ist wie eine Seilschaft. Einmal geht der eine vor und zieht den anderen nach, und dann umgekehrt.

Genau das hätte ich mir so sehr gewünscht. Heute weiß ich, dass mein damaliger Mann nur Angst hatte, mich zu verlieren, und, wie erstarrt, unbedingt den „alten Zustand" wiederhaben wollte. Leider geschah das dann auch. Als unser gemeinsamer Weg als Ehepaar ein Ende nahm, war mir allerdings klar, dass ich den Vater meines Sohnes weiter lieben würde. Ich wollte mich in Liebe trennen.

Und das war das wirklich Gute an unserer Trennung: Die Liebe blieb.

So wohnten wir nach unserem Trennungsgespräch noch über ein halbes Jahr zusammen. Es gab viele, viele Abende der Tränen und des Schmerzes, aber wir haben es geschafft, in Liebe zu bleiben und bis heute in tiefer Freundschaft zu sein.

Als ich viele Jahre später in einer tiefen Krise war, war er es, der es spürte, meinen Schmerz spürte und mich in Amerika anrief, wo ich gerade war, um mir beizustehen. Auch ich bin für ihn da, wenn er etwas braucht.

Ich habe erfahren dürfen: Was auch immer geschieht, die Liebe bleibt.

Der Markt wandelt sich und ich verliere einen Freund

Geschäftlich begann der Markt damals, sich besorgniserregend zu verändern: Große Konzerne hatten Computerspiele entdeckt und bei den internen „Roundtable Meetings" machte ich mich so klein wie möglich, wenn die Chefeinkäufer vom Krieg um diese Branche sprachen. Ich war zu diesem Zeitpunkt die einzige Einzelunternehmerin in diesem Geschäftsbereich. Ich hatte das Gefühl: Die Pionierzeit ist vorbei. Es war jetzt harte Arbeit und Kampf um die Existenz.

Und wieder kam der liebevolle und doch existenzielle Fußtritt aus dem Universum, und mein nächster heftiger Lernschritt folgte. Die nächste Wandlungsphase wurde eingeleitet.

Im Rückblick bin ich immer noch voll Erstaunen und Dankbarkeit, wie genau jenes Universum die Karten mischte: Ich besuchte einen Kurs beim Verband der Unternehmerinnen im GmbH-Recht und im Bilanzen lesen. Die Referentin war mir sofort total sympathisch. Weiter geschah erst mal nichts. Zur gleichen Zeit bekam ich die verschiedensten Aufforderungen meines Finanzamtes, endlich meine Steuern zu zahlen. Ich dachte: „Was bedeutet das? Mein Steuerberater hat doch meine Schecks und zahlt, wenn das Geld fällig ist!"

Was war ich damals doch für ein Schaf! Ich dachte, mein damaliger Steuerberater wäre mein Freund, und das seit vielen Jahren. Ich vertraute ihm blind. Und weil ich viel unterwegs war und so viel um die Ohren hatte, hatten wir vereinbart, dass er blanko unterschriebene Schecks von mir besaß. Er sollte immer gleich die anfallenden Steuern damit bezahlen.

Was sollte ich jetzt tun? Ich hatte ein ganz ungutes Gefühl, nahm allen Mut zusammen und überwand meine Scheu vor dem Finanzamt: Ohne meinem Steuerberater etwas zu sagen, vereinbarte ich einen Termin beim Finanzamt. Ich musste selbst erfragen, was los war.

Ämter besuchen, das war damals noch eine tief sitzende Angst in mir. Finanzamt, Polizei und Gerichte machten mir Angst. Warum, das weiß ich nicht. Aber ich trat den „Gang nach Canossa" an und erfuhr, dass ich bereits auf der schwarzen Liste stand und das fällige Geld nur ganz selten beim Finanzamt angekommen war.

Die nächste Welle von Angst überrollte mich! Das konnte doch nicht wahr sein! Was war denn hier die ganze Zeit losgewesen??

Die Referentin aus dem Verband der Unternehmerinnen wurde meine neue Wirtschaftsprüferin. Ich rief sie an und schilderte ihr meine Situation. Eine echte Herausforderung. Sie sagte etwas Großartiges, nämlich: „Ich liebe Herausforderungen!"

Das tat sie und das liebt sie immer noch und ist bis heute ein wichtiger Mensch in meinem Leben. Sie deckte einen riesigen Skandal auf. Mein „Freund" und Steuerberater hatte meine Bilanzen gefälscht und mich dazu gebracht, eine GmbH und eine Einzelfirma zu führen. Alles hatte er so verschachtelt, dass niemand mehr richtig durchblickte. Alleine diese Verschachtelung brachte mir später riesige Komplikationen ein. Ich musste mich selber beim Finanzamt anzeigen. Es gab eine riesige Steuerprüfung und ich musste alles, was er am Finanzamt vorbeigeschmuggelt hatte, mir aber in der Kasse fehlte, noch mal zahlen. 700.000 DM! Mein Steuerberater hatte sich inzwischen mit meinem Geld und dem Geld anderer Mandanten ein Haus auf Mallorca gebaut.

Gleichzeitig gingen die Geschäfte immer schlechter. Die großen Handelsketten hatten den Krieg eröffnet und drängten sich jetzt über Niedrigpreise in den Markt. Ich konnte meine Rechnungen nicht mehr bezahlen und musste mich erneut mit dem Thema Existenzangst auseinandersetzen. Wieder sah ich mich geistig „unter der Brücke", konnte keine Nacht schlafen, sah mich alles verlieren, betete zu Gott, er möge mich bitte schnell zu sich holen, weil ich dachte, diesmal schaffe ich das nicht. Besser tot als im Elend.

Irgendwoher schöpfte ich trotzdem Mut. Wieder halfen mir mein Mut, meine Visionskraft und dieses Mal auch meine Mitarbeiter. Mein lieber Mann meinte – zwischen unseren Trennungsgesprächen – nur zu mir: „Du schaffst das schon!" und klopfte mir auf die Schulter. Das stimmte natürlich, auch wenn ich es damals noch nicht wusste.

Ich hatte mir auch eine andere Reaktion gewünscht, bei der ich nicht das Gefühl haben musste, vollkommen alleine dazustehen. Ich brachte meinen Steuerberater übrigens vor Gericht. Er hatte Grundstücke und Häuser in Köln, doch am Tag des Gerichtstermins gehörte ihm auf dem Papier nichts mehr. Wie er das gemacht hatte, wusste keiner.

Es war entsetzlich für mich. Ich musste das Ganze irgendwie verschmerzen und wusste zum Glück im gleichen Moment: „Ich schaffe das." Und so konnte ich ihm interessanterweise auf einmal nicht mehr böse sein, auch wenn sich das vielleicht komisch anhört. Das ist mir später noch öfter passiert in meinem Leben.

Wir verabschiedeten uns und ein Jahr später half er mir sogar mit einer Aussage zu meinen Gunsten bei einer ganz anderen Geschichte. Dann trennten sich unsere Wege und ein paar Jahre später hörte ich, dass er ziemlich schnell an einem Gehirntumor gestorben war.

Ein wichtiger energetischer Schub

Mein Überlebenswille lief auf Hochtouren. Wie sollte und konnte mein Leben weitergehen? Wollte ich überhaupt noch Computerspiele verkaufen? Das war eine sehr tief greifende Frage, die ans Eingemachte ging.

Sei ganz ehrlich zu dir selber, lautete meine Devise.

Ganz ehrlich, wenn ich meine Angst mal beiseiteräumte, wollte ich eigentlich gar keine Computerspiele mehr verkaufen. Ich wollte mit Menschen sein, mit Menschen arbeiten, Menschen glücklich machen.

Gleichzeitig las ich eine Anzeige in einer spirituellen Zeitung über energetisches Feng-Shui. Keine Ahnung, was das sein sollte! Aber meine Intuition war hellwach und verlangte, dass ich dort anrufen sollte.

Eine total nette Frau kam zu einem Gespräch in mein Büro. Ich erzählte ihr von meinem Dilemma und fragte, ob sie mir vielleicht helfen könne. Etwas Erstaunliches und erst mal Befremdliches geschah. Sie saß vor mir an meinem Schreibtisch, schloss ihre Augen und ging, wie sie sagte, mit der „geistigen Welt" in Kontakt und „fragte ab". Ich war perplex und fasziniert. Abfragen – so was kann man? Und es funktioniert auch noch? Das war ja megatoll.

Nachdem sie „abgefragt" hatte, sagte sie: „Okay, ich kann dir helfen" und machte mir ein Angebot. Sie würde zu einer für mich zu diesem Zeitpunkt unverschämt hohen Summe von 10.000 DM meine Firma und mein Zuhause (insgesamt 1000 Quadratmeter!) mit Feng-Shui klären. Nach meinem ersten Schock gab ich ihr den Auftrag. Was hatte ich noch zu verlieren? Ich packte den Betrag auf meinen Schuldenberg oben drauf. Mittlerweile weit über eine Million DM.

Rala machte also ihr Feng-Shui und die Energie begann zu arbeiten. Spirituelles Feng-Shui wird zum Wohle des Auftraggebers gemacht und bringt die bestmögliche Energie ins Fließen. Heute weiß ich, da ich mittlerweile selbst solche Ausbildungen gebe, wie wichtig es ist, sich diesem Fluss hinzugeben – was auch immer geschieht.

Damals wusste ich das nicht, aber irgendetwas in mir wollte weiter, wollte den richtigen Weg finden.

Ich war fasziniert und löcherte Rala danach, wie und wo sie so etwas Unglaubliches gelernt hatte. Sie erzählte mir von ihrem Lehrer, der gar nicht weit von mir wohnte, und nahm mich mit zu einigen Meditationen und anderen Veranstaltungen. Gleichzeitig nahm ich bei ihr Therapiestunden.

In unserer ersten Sitzung, in der ich meinen Ängsten zu Leibe rückte, fragte sie mich am Ende der Stunde: „Die geistige Welt hat eine Botschaft für dich. Möchtest du sie hören?" Mir war diese Art von Sprache mittlerweile vertraut und ich wollte nichts lieber hören als das. So sagte ich Ja. Die Botschaft werde ich niemals vergessen. Sie hieß: „Dein Leiden hat ein Ende." Ich brach in Tränen aus und fühlte eine unglaubliche Erleichterung in mir. Ich fühlte mich GETRAGEN.

Gleichzeitig „sah" ich, wie große Geldscheine wie ein Regen auf mich niederrieselten. Dieses Bild blieb immer, bis heute, wenn ich mich drauf konzentriere. Es holt mir immer wieder das Bewusstsein zurück, dass alles zu mir kommt, was ich brauche und mehr.

Gleichzeitig wusste ich ganz klar, genau so etwas wollte ich auch können. Ich wollte auch eine spirituelle Lehrerin sein. Menschen mit Feng-Shui und Beratungen aus der geistigen Welt helfen. Ich wollte auch so liebend sein.

Hier hatte ich kein „Wollsöckchen" vor mir, sondern eine gestandene Frau, die mitten im Leben stand und gleichzeitig mit der geistigen Welt kommunizierte. Ging das überhaupt? Ich begann meinen Weg ins Licht. Ein spirituelles Schnellprogramm in Bewusstseinserweiterung. Ja, das wollte ich.

So begann mein Weg als spirituelle Unternehmerin. Zuerst stellte sich mir aber noch eine Lernaufgabe in meiner eigenen Firma.

Übung für dich: Wie manifestiere ich Wohlstand?

Bei mir stellte sich, wie du weißt, der Film mit den auf mich niederrieselnden Geldscheinen ein. Es war wie ein Geschenk aus dem Universum. Vor allem, weil es wirkte. So lernte ich, *bewusst zu manifestieren*.

Stell dir vor, wie du im optimalen Zustand leben willst. Male dir ein geistiges Bild dazu und empfinde große Freude und Zufriedenheit dabei. Du wirst merken, dass dies vielleicht nicht gleich so einfach geht. Übe es. Am besten 20-mal hintereinander täglich.

Oder nimm einfach mein Beispiel: Lass Geldscheine wie einen Regen auf dich niederrieseln. Fühle die Geldscheine, sieh sie mit deinem geistigen Auge, rieche sie. Sie riechen wie frisch gedruckte Geldnoten. Erforsche in dir selber, welchen Wert der Geldnoten du dir zugestehst. Oder schaffst du „nur" Münzen? Die Freude, die du dabei empfindest, öffnet dir die Tür zu den „großen Scheinen". Probier es aus.

Das Unmögliche wird möglich – und meine Firma verkauft

Bedingt durch das Feng-Shui in meinen Geschäftsräumen, zeigten sich für mich auf einmal neue Wege, um aus meiner alten Misere herauszukommen. Neue Hoffnungen durchströmten mich und wie der „Zufall" es wollte, erfuhr ich, dass es tatsächlich Firmen gibt, die Firmen verkaufen. Aber galt das auch für mich?

Konnte man eine Firma wie meine mit 12 Millionen Umsatz im Jahr, aber keinem Gewinn, dafür mit Schulden, überhaupt verkaufen? War ich dafür überhaupt interessant genug?

Ich überwand meine Zweifel und rief in solch einer Firma einfach an - und du glaubst es nicht, ich bekam einen Termin. Ein weltweit agierendes Unternehmen mit Sitz in Frankfurt gab mir einen Termin! Also machte ich mich trotz meiner Zweifel und Ängste auf den Weg. Was hatte ich zu verlieren?

Ein imposantes Büro erwartete mich. Alles vom Feinsten, alles roch nach großem Geld und Erfolg. Mich erwartete ein Mann vom Typ Manager, Anfang fünfzig, und bat mich in sein Büro. Ich erzählte ihm meine Firmengeschichte, die Story mit meinem Steuerberater und dass er mir, um seinen Diebstahl zu vertuschen, geraten hatte, zwei Firmen nebeneinander laufen zu lassen: eine Einzelfirma und eine GmbH. Dies sei viel besser aus steuerlicher Sicht, hatte er gesagt.

Dort hatte er die Gelder so verschachtelt bilanziert, dass es eine wahre Sisyphusarbeit war, den Betrug zu entdecken und offenzulegen. Aber nun waren es zwei Firmen in einer und das war der „Casus knacksus", der entscheidende Faktor, an der ganzen Geschichte. Der nette Managertyp im dunkelgrauen Feinzwirn sagte mir, dass er genau wegen dieser Verschachtelung keine Möglichkeit sähe, meine Firma zu verkaufen. Das sagte er mir sehr freundlich und alle meine Zweifel schienen sich zu bestätigen.

Wir erhoben uns von seinem Besprechungstisch und ich weiß bis heute nicht, wie mich meine Beine bis zum Ausgang trugen. Hier verabschiedeten wir uns voneinander und seine folgenden Worte werde ich wohl mein Leben lang nicht vergessen. Sie lauteten: „Die einzige Möglichkeit, die ich sehen könnte, Ihre Firma zu verkaufen, wäre, wenn der schwere Rattenschwanz von Geschäften nicht mehr mit im Boot wäre. Aber das ist eine Sache der Unmöglichkeit. Auf Wiedersehen und viel Glück!"

Dieser eine Satz war das, was ich brauchte! Ich wusste noch nicht wie, aber ich wusste, DASS ich es schaffen würde. Die Geschäfte zu verkaufen, ja, das würde ich schaffen, sagte mir mein Gefühl.

So fuhr ich nach Hause und schon auf der Fahrt kreierten sich Bilder in meinem Kopf. Ich musste es schaffen, meine Einzelhandelsgeschäfte an meine eigenen Mitarbeiter zu verkaufen. Dann wäre allen zum Besten gedient.

Wir, mein Geschäftsführer und ich, arbeiteten Tag und Nacht daran. Es war eine heftige Zeit für uns. Doch ich habe dir ja schon erzählt, dass er total genial im strukturellen Bereich war. Wir sprachen mit unseren Mitarbeitern in den Filialen. Alle waren Feuer und Flamme, in die eigene Selbstständigkeit zu gehen. Ihr eigenes Geschäft zu haben, mit dem Laden, den sie so gut kannten und in dem sie bereits Jahre gearbeitet hatten! Wir beantragten für alle unsere jungen Mitarbeiter Jungunternehmerdarlehen und kämpften es mit ihnen und für sie durch.

Ich lernte in dieser Zeit, meine Energie nicht zu teilen, sondern zu verdoppeln. Eine tolle Erkenntnis, die ich inzwischen an viele meiner Schüler genauso weitergeben durfte. Zwischendurch ging ich noch weiter zum „Angstauflösen" in die Therapie. Immer wieder tauchten Hürden auf, die überwunden werden durften. Aber wir hatten unser Ziel klar vor Augen und dafür lohnte es sich. Um dieses Ziel zu erreichen, musste ich zwischenzeitlich noch mein Haus verkaufen. Damit wurde dann auch die Trennung von meinem Mann offiziell vollzogen. Wir verließen unser Haus Arm in Arm als Freunde, und jeder zog in eine andere Wohnung.

Bis zum Auszug aus dem Haus konnte ich, trotz einiger Versuche, keine Wohnung für meinen Sohn und mich finden. So zogen wir zwei zu „Oma". Meine Schwiegermutter räumte ein 12 Quadratmeter großes Zimmer leer und stellte es uns zur Verfügung. Wieder durfte ich etwas Wichtiges lernen: Glück und Zufriedenheit liegen nicht in der Größe der Wohnung und auch nicht im Reichtum. Ich war von über 400 Quadratmetern auf 12 Quadratmeter gezogen. Oma bekochte uns liebevoll und war immer für uns da. Es ging uns supergut. Alle meine Sachen aus dem Haus waren eingelagert. Ich fühlte mich geborgen und geliebt, vermisste nichts.

Ja, wir haben es dann geschafft. Ich rief wieder in dem Frankfurter Unternehmen an und bekam erneut einen Termin. Erzählte, was wir erreicht hatten. Der Managertyp saß wie hypnotisiert auf seinem Stuhl und hörte mir zu. Als ich mit meiner Erzählung fertig war, strahlte er über alle vier Backen und sagte: „Ich hätte NIE geglaubt, dass Sie das Unmögliche möglich machen. Einfach sensationell. Na dann, lassen Sie uns die Braut mal schmücken!"

Meine Mitarbeiter waren nun Ladeninhaber und ich hatte anstatt 40 nur noch 20 „Mäuler zu stopfen". Das meine ich natürlich liebevoll. Wir waren eine Familie. Es war Liebe da.

Ich bemerkte damals: Immer, wenn ich mich zu sehr auf meinen neuen, spirituellen Weg konzentrierte, gingen meine Umsätze zurück. Das durfte natürlich nicht sein, wenn ich einen Käufer für meine Firma finden wollte. Und so konzentrierte ich mich auch wieder mehr darauf.

Ich verdoppelte meine Energie, wie ich eben schon beschrieben hatte. Ich manifestierte sozusagen über meine Bilder, Emotionen und Gefühle eine bereits verkaufte Firma mit glücklichen Mitarbeitern und einem glücklichen neuen Inhaber. Ebenso begleitete mich natürlich die große Freude, nun im spirituellen Business zu sein. Ich manifestierte eine Summe, die ich für den Firmenverkauf haben wollte, und dass ich alles lernen würde, um jederzeit und immer aus mir heraus wundervoll zu existieren.

Mitte 1999 war es dann so weit. Ich war morgens ins Büro gekommen, hatte meinen Computer eingeschaltet und wollte meine E-Mails bearbeiten. Da war sie – DIE Mail von einem englischen Softwareunternehmen des neuen Marktes. „Wir wollen dich kaufen", stand da. War das ein Scherz oder sollte mein Traum Wirklichkeit werden? Ich rief total aufgeregt die Frankfurter Firma an, und alles nahm seinen Lauf. Im Januar 2000 unterschrieb ich den Kaufvertrag und war FREI!!!!

Keine Schulden mehr, keine Geldsorgen mehr. Ich war 47 und hatte ausgesorgt. Alles war jetzt möglich. Ich konnte es mir leisten, mir ein eigenes spirituelles Business aufzubauen, und kann aus dem Betrag bis heute schöpfen. Aber an Ausruhen dachte ich nie. Jetzt konnte ich endlich so richtig loslegen!

- Gelebte Liebe macht uns schön und lässt uns strahlen, unabhängig von unserem Äußeren. Wir sind spirituelle Wesen, die hier sind, um Erfahrungen zu machen.

- Wir sind ein Kanal für die universelle Energie, die durch uns fließt.

- Liebe heilt.

- Liebe muss nicht sterben, wenn eine Beziehung sich wandelt. Sie kann bleiben.

Für dich zur Reflexion:

- *Lebst du wirklich oder spielst du Leben? Ist dein Leben ein „Fake"?*

- *Wie denkst du über den Tod? Wovor hast du am meisten Angst, wenn du an den Tod denkst?*

- *Kannst du akzeptieren und annehmen, dass du hier bist, um Erfahrungen zu machen?*

- *Kannst du dich von deiner Sehnsucht zu dir selber tragen lassen? Wo will deine Sehnsucht hin?*

- *Auf wen oder was hast du dich schon mal richtig eingelassen – ganz hingegeben, voller Vertrauen?*

- *In welchem Bereich, für welche Sache, für welchen Menschen würdest du es jetzt gerne tun?*

KAPITEL 5:

Wie ich Schülerin eines Gurus wurde und sich mein Leben auf den Kopf stellte

Ich hatte inzwischen Agni kennengelernt, den Lehrer von Rala. Als ich ihm das erste Mal begegnete, war es, als würden wir uns schon ewig kennen. Er sagte zu mir: „Da bist du ja endlich!", und ich spürte so etwas wie ein unglaubliches Feuer der Liebe. Heute weiß ich, dass die Liebe ein Feuer ist, das ewig brennt. Nun lernte ich ihn und eine spirituelle Tradition kennen. Bis dahin dachte ich, spirituelle Lehrer sind heilige Männer, die asketisch in einer Höhle im Himalaya sitzen. Ich wurde eines Besseren belehrt.

Was mich daran anzog, war, dass Agni der Lehrer der Bindungslosigkeit und der Selbstverantwortung ist. Nichts anderes wäre mehr in meinem Leben möglich. Eine seiner vielen Weisheiten lautet: „Es gibt nur einen Weg – DEINEN" oder „Der Glaube an eure Grenzen hindert euch daran, sie zu überwinden" oder „Es gibt nur einen, der dich am Glücklichsein hindert – du selbst".

Agni ist für mich der Lehrer, der die Grenzen seiner Schüler durchbricht. Ich hatte Begrenzungen ohne Ende. Harte und gleichzeitig freudige Jahre des Lernens begannen. Ich hatte Geld, mittlerweile eine neue Wohnung und Oma half mir mit der Betreuung meines Sohnes. So besuchte ich einen spirituellen Kurs nach dem anderen. Sog alles Wissen auf wie ein Schwamm.

Das Tollste an all der Schulung in dieser spirituellen Tradition ist für mich: Man lernt nichts Neues, sondern wird immer „nur" an bereits vorhandenes Wissen aus früheren Leben, aus der Seelenebene, erinnert und neu initiiert. Heute darf ich dies genauso weitergeben.

Alex – wieder ein Lernschritt zur Liebe

Ich liebte dieses Leben, immer wieder mit meinem Lehrer und den anderen Lernenden zu sein. In einem der Kurse begegnete ich Alex. Wie es sein sollte, liefen wir uns danach noch öfter über den Weg. Alex war 19 Jahre jünger als ich und entsprach eigentlich in keiner Weise meinem „Beuteschema", doch wir hatten tolle Diskussionen miteinander. Er war sanft, hilfsbereit, liebevoll, belesen und zurückhaltend. Das gefiel mir. Irgendwann trafen wir uns nicht nur bei Seminaren, sondern tauschten uns immer häufiger am Telefon aus. Stundenlange, intensive Gespräche. Alex war ein Sai Baba Devoty, also Schüler von Sai Baba, in Indien. Alex fuhr jedes Jahr mindestens ein- bis zweimal in seinen Ashram nach Indien. Was ich besonders faszinierend fand: Er bekam dort Einzelinterviews von ihm, von Sai Baba persönlich.

Ich besuchte ihn später auch selbst, war inmitten der Tausenden von Menschen, die jeden Morgen um 4 Uhr und dann noch zu weiteren Terminen in eine große Tempelhalle pilgerten, um auf den Segen von Sai Baba zu warten.

Sai Baba wird in Indien als großer Guru und Avatar (Gottmensch) verehrt. Viele Menschen haben Briefe dabei, in die sie ihre tiefsten Wünsche geschrieben haben und die sie Sai Baba bei diesen Veranstaltungen hinhalten. Manche nimmt er, manche nicht. Die Wünsche aus den Briefen, die er nimmt, werden wahr, sagt man.

Es gibt viele wundervolle Geschichten über Sai Baba. Sie füllen viele Bücher. Aber von ihm aus den Tausenden Menschen herausgepickt zu werden und ein Privatinterview zu bekommen, das war einzigartig und ich bewunderte es sehr. Im Einzelinterview kann man Sai Baba persönliche Fragen stellen und erhält von ihm Antwort. Immer sind die Antworten besonders und nicht immer dürfen sie wörtlich genommen werden. Es gibt einen tiefen Sinn hinter allem und manchmal entschlüsseln sich die Antworten erst nach Jahren. Sai Baba hat auch viele Wunder vollbracht, über die man lesen kann. Ich bin dankbar, dass ich später einige Menschen persönlich kennenlernen durfte, die selbst anwesend waren bei solchen Wundern und sie mir erzählten. Du kannst dir vielleicht vorstellen, wie begeistert ich war und alles hören wollte.

So sprachen Alex und ich oft und wurden Freunde. Eines Tages kündigte er an, dass er etwas ganz Besonderes mit mir besprechen wollte, und kam mich besuchen. Ich hatte natürlich gemerkt, dass er mich immer sehr liebevoll behandelte, so als sei er verliebt in mich. Ich dachte, er verehrt mich „nur" und fühlte mich natürlich geschmeichelt.

Wir setzten uns auf meine Couch und ich schaute ihn fragend an. „Insha, ich will mit dir zusammen sein. Ich habe mich in dich verliebt." Das waren seine ersten Worte. „Ich muss dir aber sagen, liebe Insha, ich hatte noch nie eine Frau!" Er war 28.

Ach, du liebe Zeit, dachte ich, ich bin doch kein Babysitter! Das war ja alles gut und schön und ich fühlte mich geehrt, aber ich war mir noch nicht mal sicher, ob ich überhaupt verliebt war!

Doch seine Worte zu hören tat trotzdem gut. Alex sprach weiter, und ich muss heute noch lächeln, wenn ich daran denke: „Mach dir bitte keine Gedanken, Insha, ich habe jedes Buch über Sexualität, spirituelle Sexualität, Tantra und was es alles gibt gelesen. Ich bin ein absoluter Profi. Leider nur theoretisch. Mir fehlt die Praxis.“

Ich erbat mir Bedenkzeit. Nach zwei Tagen überwog meine Abenteuerlust und ich sagte zu. Tatsächlich war er ein „Schnelllerner“ und ich hatte, nach anfänglichen Übungsstunden, den besten Liebhaber meines Lebens an meiner Seite, der sogar mir noch etwas beibringen konnte!

Im Sommer desselben Jahres fuhr Alex für sechs Wochen zu Sai Baba und ich für zwei Wochen zur Ayurveda-Kur nach Traben-Trarbach. Während ich in meiner Kur viel meditierte und zur Ruhe kam, dachte ich natürlich auch über unsere Beziehung nach. War das wirklich das, was ich wollte? So einen jungen Freund zu haben war einerseits toll und andererseits auch anstrengend. Ich entschied mich, mit ihm darüber zu sprechen, wenn er aus Indien zurückkam, und mich von ihm in Freundschaft zu trennen.

Er kam zurück – aufgeladen, voller Liebe. Ich holte ihn ab. Schon am Flughafen sprudelte es aus ihm heraus, bevor ich auch nur Luft holen konnte. „Ich habe mit Sai Baba über uns gesprochen und es gibt eine gute und eine schlechte Nachricht von ihm! Sai Baba hat gesagt, dass du eine wundervolle Frau bist und dass wir heiraten sollen. Aber nicht in diesem Jahr. Und du sollst bestimmen, wann. Und jetzt kommt die schlechte Nachricht. Bis dahin dürfen wir keinen Sex mehr haben!"

Luft holen, atmen. Ich saß in der Falle. Wenn Sai Baba, der große indische Guru, der Menschen wie Mahatma Gandhi und viele andere hohe Würdenträger dieser Erde beriet und unterstützte, solch eine Aussage machte, dann war das für mich, als spräche Gott selbst zu mir.

Gott hatte also gesagt, ich soll diesen jungen Mann heiraten, wo ich mich doch eigentlich trennen wollte! Meine ganze Welt stand Kopf. Was bedeutete das für mich? Ich spürte, es bedeutete: Ich durfte, ich musste mich hingeben. Mich wirklich einlassen und vertrauen. Ein großes Thema. Nun war es also so weit, und das Ganze wurde noch nicht mal mit Sex versüßt!

Mein nächster Lernschritt hin zu mir selber und hin zu meiner Liebe begann. Alex und ich zogen zusammen. Alles lief prima und auch die „schlechte Nachricht" haben wir fast immer gut hingekriegt.

Ein neues Jahr begann. Das Jahr, in dem ich unseren Hochzeitstermin festlegen sollte. Ich glaube, es war im Februar. Wir lagen eingekuschelt morgens im Bett und ich weiß nicht, welcher Teufel mich ritt, als ich die eine Frage stellte, die Frauen (warum auch immer) gerne mal stellen: „Schatz, ist eigentlich noch alles in Ordnung bei uns?"

In Wirklichkeit wollte ich nur hören, dass alles wunderbar und bestens sei. Doch was machte mein Alex? Er sagte, ganz offen, ehrlich und spirituell, wie er war: „Da muss ich mal in mich reinspüren und es abfragen." Und er schloss die Augen für eine Weile, öffnete sie wieder und sagte: „Ich glaube, unsere Zeit ist zu Ende."

Kannst du dir vorstellen, was in dem Moment in mir vorging? Jetzt hatte ich mich endlich eingelassen – und es war vorbei.

Früher hatte ich mir immer eine Lücke, ein Törchen, zum Weglaufen gelassen und mich deshalb nie wirklich in eine Beziehung reinfallen lassen. Jetzt ging das nicht. Eine Welle des Schmerzes überrollte mich und schwemmte mich weg. Tränen liefen. Alex nahm mich in den Arm und tröstete mich.

Von diesem Moment an schliefen wir in getrennten Zimmern und wussten: Es ist vorbei. Abwechselnd fiel einer von uns beiden in Schmerz. Immer waren wir füreinander da, hielten uns und trösteten uns.

Was hatte Sai Baba da initiiert? Er hatte dafür gesorgt, dass ich viele alte Schatten übersprang. Mich auf so einen jungen Mann einließ, wirklich einließ, mit Haut und Haar. Zu lieben ohne Limit, zu vertrauen. Und zu erkennen und zum zweiten Mal zu erleben, dass Liebe nicht sterben muss, wenn eine Partnerliebesbeziehung sich wandelt.

Wir brauchten ein halbes Jahr und dann zog Alex nach München, wo er heute glücklich verheiratet ist.

Ich war wieder frei und gewachsen.

Was bedeutet es, eine Schülerin zu sein?

Es war das Jahr 2000 und ich pilgerte fleißig nach Bonn, wo die Praxis und Seminarräume von Agni waren, und ins Elsass, wo ein großer Ashram entstanden war oder besser gesagt: ein Lichtzentrum.

Lichtzentren sind spirituelle Orte der Liebe, des Friedens und der Heilung – Orte, die eine Verbindung schaffen zwischen der geistigen Welt und dem irdischen Leben. Sie bieten Menschen aller Glaubensrichtungen und Weltanschauungen eine Möglichkeit, bei sich selbst anzukommen und sich in ihrer ureigenen Qualität zu erkennen.

Lichtzentren werden von Menschen geführt, die sich dafür entschieden haben, in den Dienst des Lichts einzutreten und andere auf diesem Weg zu begleiten. Über Meditationen, Gesänge und aktive Lichtarbeit mit Mensch und Natur schaffen sie Orte der Kraft und des spirituellen Bewusstseins. Sie geben geistiges Wissen und Schulungen an diejenigen weiter, die auf ihrem Weg zu sich selbst sind und die bereit sind, ihr ganzheitliches Wissen wieder anzunehmen. Aber es sind auch Orte der Selbsterkenntnis und der Transformation.

Zu der Zeit hatte ich eine gleichgesinnte Freundin. Wir tauschten uns aus, fuhren zusammen zu den Kursen und fühlten uns sehr vertraut. Wir erfuhren, dass Agni „Schüler" annahm und waren sehr aufgeregt. Was bedeutete das? Ich hatte vor einiger Zeit das Buch „Frabato" von Franz Bardon gelesen. Hier wurde unter anderem beschrieben, wie der Erzähler seinem „Lehrer" begegnet war. Seitdem hatte ich eine innere Sehnsucht nach meinem Lehrer. Ich dachte damals noch: Die sitzen in Indien in einer Höhle und meditieren, da komme ich ja nie hin!

Was bedeutete es denn eigentlich, die Schülerin eines spirituellen Lehrers zu sein? Damals empfand ich das als sehr geheimnisvoll. Niemand konnte einem wirklich eine Antwort darauf geben. Heute habe ich selber Schüler und so versuche ich, es dir in einer einfachen Form zu beschreiben. In der Realität ist es um einiges vielfältiger.

Um als spiritueller Lehrer der Agni-Tradition Schüler anzunehmen, musste ich als Meisterin eingeweiht sein. Wenn ein Schüler mich um die Schülerschaft fragt, muss ich sein gesamtes Wesen erkennen können. Muss erkennen, was seine Inkarnationsaufgabe in diesem Leben ist. Das heißt, wir inkarnieren alle hier auf der Erde und bringen uns aus unserem „Seelenhimmel" eine Aufgabe mit, die wir durchleben und erfahren wollen, um unsere Seelenerkenntnisse zu vervollständigen.

Ein Lehrer sollte ein weiser, liebender Mensch sein. Eins mit der göttlichen Gesetzmäßigkeit. So erkennt er, was die Inkarnationsaufgabe des Schülers ist.

Die Frage, die ich mir als Lehrer unter anderem stellen muss, bevor ich einen Schüler annehme, ist: Kann ich ihn in diesem Leben dazu führen und ihm helfen, seine Lebensaufgabe zu erfüllen?

Wenn ich Schüler bin und meinen Lehrer suche oder meine, ihn gefunden zu haben, erkenne ich dies, indem ich mit meiner Lichtausdehnung mit ihm in Kontakt gehe. Wenn ich mich in seinem Licht ausdehnen kann und keine Grenze finde, also grenzenlos in seinem Licht bin, kann dies mein Lehrer sein. Sollte ich eine Begrenzung spüren, kann dieser Lehrer mich nicht in meine Grenzenlosigkeit führen.

Mir passierte dies zweimal. Einmal bei Agni und später bei Sai Baba. Sai Baba ist übrigens auch einer der Lehrer von Agni.

Meine Freundin wollte unbedingt Schülerin von Agni werden. So schnell wie möglich. Ich dachte mir: Wie mutig sie ist! Ich hatte Zweifel, wollte prüfen, nachdenken, was dies überhaupt für mich bedeuten könnte. Das wenige, was ich wusste, war, wenn man spiritueller Schüler ist, ist man mit seinem

Lehrer ein Leben lang verbunden. Fragt man den Lehrer um Rat, musste man diesem Rat folgen. Warum? Der Rat des Lehrers setzt enorme Energie frei und öffnet die Tür, das Ziel zu erreichen. Okay, dachte ich, das hatte ich ja dann selber in der Hand. Gott sei Dank wusste ich damals nicht, was das kurze Zeit später für mich bedeuten sollte!

Ich traute mich nicht alleine, Agni zu fragen. Ich hatte großen Respekt vor ihm und bat meine Freundin zu warten, da ich es mit ihr zusammen machen wollte. Sie gab mir eine Woche.

Puuuuh. Eine Woche lang zog ich alles in Betracht, verwarf es wieder und wusste am Ende nicht mehr als am Anfang. Was war das Schlimmste, was mir passieren konnte? Dass ich meine Kinder verlassen müsste. Okay, das würde ja nicht passieren, dachte ich.

Also ging ich nach dieser Woche mit meiner Freundin zu Agni und wir fragten ihn nach der Schülerschaft. Er sagte Ja.

Das Ritual und die Einweihung ins Schüler-Sein ist unbeschreiblich. Im Außen passiert nicht viel, aber auf den inneren Ebenen sehr viel. Es ist wie „nach Hause kommen". Du bist nie mehr allein, auch wenn der Lehrer Tausende Kilometer entfernt weilt. Und auf besondere Art und Weise beginnt ein Lernprozess, der nonverbal ist. Aber du merkst genau, dass dein Leben auf einmal anders abläuft, auf der Überholspur. Die Lernprozesse gehen schneller und gleichzeitig bist du getragen. Lehrer und Schüler begleiten sich oft über viele Leben.

Lesen in der Akasha-Chronik

Es war das Jahr 2001. Ich hatte inzwischen etliche Ausbildungen durchlaufen und gab als spirituelle Lehrerin eigene Kurse. Da erfuhr ich von Rala, dass Agni mit seiner Partnerin „in der Akasha" las. Was sollte das sein? Es faszinierte mich, weil es so abgefahren klang.

Akasha kann man sich als einen Bewusstseinsraum vorstellen, in dem alles abgespeichert ist: Vergangenheit, Gegenwart und Zukunft. Dort gibt es keine Zeit. Ich stelle mir das immer so vor: Es gibt für jeden Menschen, aber auch für Firmen und Projekte dort Räume, wo das Wissen unabhängig von Zeit und Raum gespeichert ist. Es ist einfach großartig. Heute gehört das Akasha-Lesen zu den meistgebrauchten Werkzeugen bei unserer spirituellen Arbeit.

Rala hatte sich ein Seminar dort lesen lassen. Ich glaube, es war das erste von unendlich vielen, die Agni und seine Partnerin dort in den nächsten Jahren lasen. Es klang unglaublich – ging das wirklich? Das wollte ich auch.

Man konnte sich zuerst einen Seminarvorschlag lesen lassen. Du kannst es dir so vorstellen wie einen Titel, einen Flyertext über das Seminar, und natürlich wurde auch der Preis für das Seminar dort gelesen. Ich gab den Auftrag für einen Seminarvorschlag.

Ein Seminarvorschlag aus „meinem Raum", also etwas, das einzigartig und nur von mir war. Ich war total aufgeregt und wie elektrisiert. Wenn mir das gefiel, konnte ich den Auftrag für ein komplettes Seminar erteilen.

Hast du so etwas schon mal gehört? Nur bei dem Gedanken an die damalige Zeit spüre ich noch meine Aufregung und heute weiß ich natürlich, dass damals wieder eine Pionierzeit in meinem Leben begann. Ich würde erkennen, dass mein tiefster Wunsch, eine Heilerin zu sein, in Erfüllung ging. Agni rief mich persönlich an und sagte: „Du hast eine Jahresausbildung zum Heiler: Die neuen Heilmethoden des Wassermannzeitalters."

Ich hatte keine Ahnung, was da auf mich zukam und ob so etwas überhaupt unter die Leute zu bringen war. Aber ich musste es haben. Ich gab den Auftrag und erhielt einige Wochen später einen kleinen Karton voller Audiokassetten. Sofort setzte ich mich hin und begann abzutippen. Schon dabei passierte etwas in mir. Als würde sich eine Tür in meine neue Welt, eine buntere, hellere Welt öffnen.

Ich erfuhr, dass ich schon in der Zeit von Atlantis (vor 25.000 Jahren) eine Heilerin aus den Tempeln der Göttlichen Mutter war und Heiler ausgebildet hatte. Heiler, die zum Wohle der Menschheit dienten.

Ja, das wollte ich: „zum Wohle der Menschheit dienen"!

Ich war so fasziniert, dass ich frei von der Leber weg jedem voller Freude erzählte, welchen Schatz ich da gerade heben durfte. Ich, die ich vor zehn Jahren noch nicht mal den Telefonhörer abgenommen hatte, wenn es klingelte, aus Angst, dass mich jemand ansprach!

Das „Coolste" daran war: Ich würde Heilpriester ausbilden. Heiler, die eine direkte Standleitung zu Gott haben, deshalb werden sie Priester genannt. Und das Ganze in den „Heilquellen der Göttlichen Mutter", ihren Lernstätten.

Ich konnte nur die annehmen, bei denen ich erkannte, dass sie bereits in der Zeit von Atlantis als Heiler tätig waren. Heilpriester kommen immer dann zur

Erde, wenn ein Zeitalter endet und ein neues beginnt, weil sich dann unsere Körper verändern. Entweder lichter und feiner oder dichter werden.

Beides bringt oft unerklärliche Symptome zutage, die mit der normalen Schulmedizin schwer greifbar sind. Du ahnst es wahrscheinlich schon: Auch diese Ausbildung und alle späteren, die noch kamen, sind Erinnerungsausbildungen. Das Wissen ist im Zellgedächtnis abgespeichert und ich darf es in den Ausbildungen durch Initiationen wieder wecken.

So hatte ich in meinem ersten Kurs sieben Teilnehmer. Dabei der erste Arzt einer langen Reihe von Ärzten, die an meinen Ausbildungen teilnahmen. Ist das nicht wundervoll? Schulmedizin gepaart mit geistigem Heilwissen.

Alles machte ich zum ersten Mal. Unterrichtet wurde durch Vortrag, Meditation, Initiation und Tun. Es war magisch. Gemeinsam mit meinen ersten Heilpriestern manifestierten wir dieses Wissen sozusagen auf der Erde, und es funktionierte. Mittlerweile haben ich und meine Lehrer weit über 1000 Menschen überall auf der Welt an ihr Heilwissen zurückerinnert.

Es gibt seit 2018 die ersten Schulen in Taiwan und 2020 werden zwei Schulen in Malaysia errichtet.

2005 kam Joshua, mein späterer dritter Ehemann und Partner, in mein Leben und wir arbeiten seitdem gemeinsam in der Insha-Heilerschule und bilden Menschen aus. Mit Joshua lese ich heute auch in der Akasha. Wir lesen dort unsere eigenen Ausbildungen, Ausbildungen für andere und wir lesen Seelenreadings. Ein Seelenreading wird auch gelesen wie ein Text in einem Buch. Wo komme ich her, warum hin ich hier auf der Erde inkarniert, was habe ich mir vorgenommen, was steht mir noch im Weg und vieles mehr. Auch „Wireless

Love Healing" und Aquarius Coach, unsere neuesten Ausbildungen, haben wir in der Akasha für das neue Zeitalter gelesen.

Mein spirituelles Business nahm Fahrt auf. Als ich damals in meiner schlimmen Angstzeit mit meiner Firma gebetet hatte, war es immer der Wunsch von einem Business, in dem ich jeden Tag aus mir selber heraus mein Leben leben und daraus existieren kann. Dies begann nun und ist bis heute immer besser geworden.

Wieder einmal war ich in „Amritabha", dem Lichtzentrum im Elsass, und besuchte die Menschen dort. Agni war auch da. Ich hatte jetzt eine große Wohnung in Köln, in der ich mit meinem Sohn lebte. Ich war voll auf meinem spirituellen „Trip" und dachte, es wäre doch toll, ein Haus zu kaufen, aufs Land zu ziehen und dort selber ein Insha-Zentrum nach meiner Art zu haben. Aber wo wäre der richtige Ort dafür? In der Eifel? Im Bergischen? Ich hatte keine Idee, die sich in mir richtig anfühlte.

Ich glaube, bis dahin hatte ich meinen Lehrer erst einmal etwas gefragt. War vorsichtig, bedacht. Meine erste Frage, während meiner spirituellen Lehrerausbildung war: „Muss ich auch ein Lichtzentrum eröffnen?" Das wollte ich nämlich nicht. Für mich fühlten sich die Strukturen zu einengend an. Agni sagte dazu: „Nein, du musst kein Lichtzentrum eröffnen, du musst nur glücklich sein!"

Damit hatte er mich vor einiger Zeit schon in meinen eigenen Prozess geführt, weil ich von da an alles in meinem Leben auf die Waagschale legte: „Macht mich das glücklich?" Das war gar nicht so einfach. Nun hatte ich eine neue Frage. Und blauäugig wie ich war, stellte ich sie ihm: „Gibt es einen Platz, der besonders gut für mich ist? So etwas wie einen Ort der Kraft?"

Tja, hätte ich die Antwort vorher gewusst, hätte ich die Frage nie gestellt und mein Leben hätte sich wahrscheinlich vollkommen anders gestaltet!

Liebevoll lächelnd sagte er: „Hier ist der beste Platz für dich, hier im Lichtzentrum, und du kannst sofort einziehen."

Ach, je. Das wollte ich nicht hören. Mir wurde richtig schlecht. Damit hatte ich nicht gerechnet. Aber nun hatte ich gefragt. Völlig benommen fuhr ich am nächsten Tag wieder nach Köln und es arbeitete in mir. Was sage ich meiner Familie? Was ist mit meinem Sohn? Er war gerade 12 Jahre alt. Es war, als breche eine Welt zusammen. Gerade noch im absoluten Hoch kam jetzt der Fall. Früher war ich so gerne ins Lichtzentrum gefahren – auf einmal wollte ich diesem Ort lieber entfliehen. Meine Perspektive hatte sich geändert.

Doch gleichzeitig gab es auch das tiefe, innere Wissen in mir: Wenn ich meinen Lehrer frage, dann ist seine Antwort ein wichtiger Schritt auf meinem Weg zu mir selber. Ein Schritt, den ich gehen muss, eine Grenze, die ich für mich überschreite. Ich ließ alles in mir wirken und erbat mir ein Jahr Vorbereitungszeit. Agni gab sie mir.

Konnte ich meinen Sohn mitnehmen? Nach Frankreich? Was wird aus Oma? Was sagt meine Tochter? Eigentlich hatte ich nie mit den Franzosen was am Hut. In der Schule hatte ich nach dem ersten Jahr Französisch die Sprache abgewählt und in Urlauben, wo ich durch Frankreich fuhr, hatte ich zwar die wundervolle Landschaft bewundert, aber Franzosen als nicht gerade deutschfreundlich kennengelernt.

Ich sprach mit meinem Sohn. „Kommst du mit? Mama will nach Amritabha ziehen." Nein, er wollte nicht. Tränen flossen.

Ich sprach mit meiner Tochter. Kann dein Bruder bei euch leben? Auch keine gute Idee. Ich ging zu Astrologen und Familienaufstellern, um herauszufinden, was am besten war für mein Kind. Die therapeutische Beratung und auch die Astrologie kamen zu dem Ergebnis, dass es gut für den Jungen wäre, wenn er endlich unter dem Rock der Mama und Oma herauskäme. Er kam langsam in die Pubertät und männliche Energie war angesagt. Nie wäre mir der Gedanke gekommen, mit seinem Vater zu sprechen! Warum auch immer, ich glaubte, dass genau er auf keinen Fall unser Kind nehmen, geschweige denn erziehen könnte. Er hatte doch jetzt ein sehr angenehmes Junggesellenleben.

Zu der Zeit gab ich viele Seminare und hatte viele spirituelle Beratungen. Wieder spielte das Universum mit und brachte mir Erkenntnisse, die mir den nächsten Schritt zeigten.

Unabhängig davon sprach ich mit zwei Vätern, die von ihren Frauen getrennt lebten und deren Kinder bei der Mutter lebten. Beide klagten mir ihr Leid. Sie wollten so gerne mit ihren Kindern leben und für sie sorgen, aber die Mütter lehnten dies rigoros ab, so wie ich. Die Begründung: Sie seien nicht fähig zur Kindererziehung.

Beide sagten mir, dass sie natürlich nicht dem Erziehungsbild der Mütter entsprechen würden, aber alles, alles tun würden, um gute Väter zu sein. Halt anders als die Mütter, aber trotzdem gut.

Das brachte mich zum Nachdenken und ich sprach mit meinem Sohn. „Kannst du dir vorstellen, mit Papa zu leben, wenn ich nach Frankreich gehe? Seine direkte Antwort war: „Ja."

Monatelange Diskussionen, viele Tränen und Verzweiflung. Sollte es so gehen? Aber es war klar: Ich musste mit seinem Papa sprechen. Ich hatte Angst. Würde er sagen: „Du mit deiner Sekte, hast du schon wieder einen Floh im Ohr?"

Mir blieb nichts anderes übrig. Wir verabredeten uns und ich erklärte meine Situation. Fragte, ob er unseren Sohn zu sich nehmen und jetzt die Verantwortung für ihn tragen wollte. Die Reaktion werde ich nie vergessen. Wir standen draußen auf meinem Balkon, es war schon Abend. Ich rauchte zu der Zeit noch und nervös, wie ich war, qualmte ich so vor mich hin. Wartete auf die Verdammnis und die Vorwürfe. Aber er brach gleichzeitig in Lachen und Weinen aus und fiel mir um den Hals. Er war einfach nur glücklich, dass ich ihn gefragt hatte, ohne Wenn und Aber!

Wir mieteten uns zusammen eine große Wohnung, wo jeder ein Zimmer hatte, und bis unser Sohn 18 wurde, war ich jeden Monat eine Woche dort und für ihn da. Wenn etwas in der Schule war, dann stand die Familie zusammen und half. Als mein Sohn kurz vor dem Abitur war und es auf der Kippe stand, ob er überhaupt zugelassen werden würde, setzten wir uns zusammen: mein Exmann, meine Tochter, mein Schwiegersohn, mein Sohn und ich.

Wir signalisierten ihm: Wenn du Hilfe willst, sind wir für dich da. Was brauchst du?

Seine Antworten: „Ich habe Schwierigkeiten, morgens wach zu werden. Mama, du musst mich anrufen und mich wecken.", „Papa, bitte koch mir mittags was Gutes.", „Und die anderen beiden brauche ich vielleicht, wenn ich mit dem Stoff in der Schule nicht gut zurechtkomme." So wurde es gemacht und das Abi bestanden.

Nun war es so weit. Ich hatte tatsächlich ein ganzes Jahr gebraucht, um die Situation zu einem guten Ende zu bringen.

Ich zog ins Elsass.

- Wir bringen aus unserem Seelenhimmel eine Aufgabe mit, die wir durchleben wollen. So vervollständigen wir unsere Seelenerkenntnisse.

- Ein „Lehrer" sollte ein weiser, liebender Mensch sein.

- Solltest du eine Begrenzung spüren, kann dich dieser Lehrer nicht in deine Grenzenlosigkeit führen.

- Erinnerungsausbildungen erwecken das Wissen, das bereits in deinem Zellgedächtnis abgespeichert ist.

Für dich zur Reflexion:

- *Wer sind deine bisherigen Lehrer gewesen?*

- *Wen wünschst du dir vielleicht noch als Lehrer?*

- *Bist du bereit für deine Aufgabe, die du dir für diese Inkarnation gestellt hast?*

KAPITEL 6

Leben in einer spirituellen Gemeinschaft und meine dritte große Liebe

Wie stellt man sich das Leben in einer spirituellen Gemeinschaft eigentlich vor? Alle schwelgen in „love and peace" und sind glücklich? Ich hatte null Ahnung. Das alles war komplettes Neuland für mich.

Meine schlimmste Vorstellung einer Gemeinschaft war: „Nie mehr allein", und die beste war ebenfalls: „Nie mehr allein."

Würde ich es ertragen können, mit bis zu 15 Menschen in einem Haus zusammenzuleben? Bisher kannte ich Zweisamkeit, das Leben in einer kleinen Familie und auch die Gemeinschaft, die ich mit meinen Mitarbeitern gelebt hatte. Das war wirklich schön, aber nicht wirklich demokratisch gewesen, sondern liebevolles Leadership.

Wir waren eine Gruppe von unglaublich unterschiedlichen Menschen. Keiner von uns war wirklich in seiner Liebe angekommen. Heute sehe ich es so, dass wir uns genau deshalb dort zusammengefunden hatten.

Die Zukunft der Menschheit wird nicht mehr das Einzelkämpfertum sein, sondern liebende Gemeinschaft. Aber wir müssen uns erst mal dahin entwickeln. Hier war die beste Chance für mich, dies in mir und mit anderen zu erarbeiten, leben zu lernen.

Auch hier hatte mir mein Lehrer eine Führungsposition zugedacht. Ich wollte kein Unternehmen mehr leiten. Und Amritabha war ein Unternehmen, eine Aktiengesellschaft. Die Aktiengesellschaft bestand aus Agnis Schülerhaus, dem Mutterhaus vieler Lichtzentren, die er im Laufe der Jahre auf der ganzen Welt initiiert hat.

Jeder seiner Schüler konnte eine Aktie kaufen und hatte somit einen Anteil am Unternehmen. Diese Form der Kapitalgesellschaft war zu dieser Zeit gut gewählt, weil alle Zahlen offenlagen, um keinen Sektenvorwurf entstehen zu lassen.

Ribeauvillé ist eine französische Kleinstadt im Elsass, ein richtiger Touristenort, direkt an der Weinstraße. Eingebettet in eine wundervolle Landschaft, überall Weinfelder, mit drei mittelalterlichen Burgen und zauberhaften alten Häusern. Der Ort bietet sehr viel an tollen Veranstaltungen für die Besucher. Ganz speziell der Platz, an dem Amritabha steht, hat eine außergewöhnlich hohe Energie.

Jemand im Städtchen erzählte uns, dass in Kriegszeiten die verletzten Soldaten zu diesem Hügel kamen und sich dort auf die Erde legten. Man wusste, dass dann die Wunden schneller heilten. Es war der ideale Ort für mich, um selber heil zu werden und um mich als Heilerin zu entfalten. Langsam versöhnte ich mich wieder mit diesem Platz.

Nicht so die Bewohner der Stadt. Uns gegenüber war man feindselig. Es gibt einen kleinen Zug, der die Touristen durch den Ort und die Weinberge fuhr. Irgendwann hörten wir von einer Teilnehmerin, dass immer, wenn der Zug am Chateau vorbeifuhr, der Touristenführer erklärte:„Und das ist unsere Sekte am Ort!" Nicht wirklich lustig.

Oft waren bei unseren Autos die Reifen durchstochen und andere unfeine Kleinigkeiten passierten. Warum machten die Menschen dort so etwas? Ich verstand es am Anfang nicht, bis mir ein Freund ein Beispiel gab: „Stell dir vor, Insha, in einer Kleinstadt in der Eifel oder irgendwo anders steht ein Schloss an erhobener Position. Es steht jahrelang leer und dann zieht da auf einmal eine ausländische Gruppe Menschen ein. Die sehen komisch aus, sprechen anders, singen und machen irgendwelche Rituale. Was meinst du, wie würdest du reagieren, wenn du in dieser kleinen Stadt leben würdest?"

Ich verstand.

Heute weiß ich, dass sich die meisten Menschen in einem Täter-Retter-Opfer-Dreieck befinden und mein tiefstes Herzensanliegen ist es, die Menschen genau da hinauszuführen, in ihre Selbstliebe hinein.

Damals war ich selber noch in diesem Dreieck gefangen. Und du weißt ja sicher, dass unsere Außenwelt immer unsere Innenwelt widerspiegelt. Wir ziehen alles an, was wir ausstrahlen. Das ist das Gesetz der Resonanz.

So begann eine nicht immer leichte, aber trotzdem tolle Zeit des Lernens und Wirkens für mich. Eine Zeit, die ich nie missen möchte in meinem Leben. Wie ich eigentlich nichts, keine Erfahrung, so schlimm sie auch war, missen möchte. Durchleben möchte ich es allerdings nicht mehr.

Agni berücksichtigte meinen Wunsch, kein Unternehmen mehr zu leiten, und ich wurde die stellvertretende Leitung des Hauses. Ich bekam von ihm die Möglichkeit, eine der großen Traditionsausbildungen zu leiten. Eine Ausbildung zum spirituellen Berater und Feng-Shui-Berater.

Das war in Ordnung für mich.

Ich merkte zum zweiten Mal in meinem Leben, wie glücklich es mich machte, Menschen auszubilden und zu begleiten. Sie an ihr angeborenes Wissen zu erinnern, ihnen zu helfen, in sich zu wachsen, liebevoller und glücklicher zu sein und dadurch auch die Möglichkeit zu bieten, sich mit spiritueller Arbeit eine Existenz aufzubauen.

Meine dritte große Liebe findet mich

Zum ersten Mal war ich, seit meiner Pubertät, zwei Jahre lang ohne Partner gewesen. Ich war jetzt 50 und supererfolgreich darin, Heiler und spirituelle Berater auszubilden. Meine alte Händlermentalität war wieder zum Vorschein gekommen und ich baute im Lichtzentrum einen Laden auf mit allem, was das „Spiri-Herz" erträumte: Statuen, Kristalle, Seminarzubehör und viele schöne Dinge einfach für die Freude und fürs Herz.

Ich dachte ja eigentlich: nie wieder Kauffrau. Ich war ja jetzt eine Heilerin. Und was erkannte ich daraus? Ich war Heilerin, Kauffrau, Ausbilderin und führte in zweiter Reihe ein Unternehmen!

Alles, was ich bisher gelernt hatte, fügte sich zu einem Ganzen zusammen. Das Einzige, womit ich jetzt haderte, war mein Singledasein. Ich diskutierte mit

Gott, klagte an und war manchmal verzweifelt. Hatte mein wahres Zuhause noch nicht in mir gefunden.

Ich wusste, die Seele eines Menschen will sich verwirklichen, ihre Erdenerfahrungen machen — und das so schnell, wie es geht. Mache ich meine Erfahrungen schneller durch einen Partner, habe ich einen an meiner Seite, mache ich sie schneller, indem ich mit mir alleine bin, dann wähle ich unbewusst diese Situation.

So entschloss ich mich, meine Sehnsucht ad acta zu legen und mich von jetzt an mir selber zu widmen. Ich wollte in mir ruhen, in mir glücklich sein, niemanden mehr für mein Glück verantwortlich machen. Und es tat sich was. Immer öfter hatte ich tiefe Phasen des All-Eins-Seins.

Das kannst du dir so vorstellen: Dein Horizont erweitert sich so sehr, dass du auf einmal alles durchschaust. Du siehst nicht mehr auf die Mauern oder Schleier, die Menschen unbewusst zum Schutz um sich herumgebaut haben, sondern siehst direkt in ihre Seele, erkennst die Schönheit eines jeden Wesens. Fühlst eine Leichtigkeit in dir selber und ein unglaubliches Glücklichsein, ohne ersichtlichen äußeren Grund. Oft tanzte ich durch meine Wohnung. Fühlte mich leicht und frei.

All das war die Voraussetzung für das, was jetzt begann. Das Universum setzte zu einer weiteren Liebesschulung an, ohne dass ich es ahnte.

Eine neue Ausbildungsgruppe mit einigen Teilnehmern aus Südtirol begann. Einer der Teilnehmer war mir von einer Südtiroler Kollegin als besonders humorvoll und witzig angekündigt worden. Wie schön, dachte ich. Lachen belebt unser Leben auf eine besondere leichte Art.

Davon konnte allerdings in den ersten Tagen nicht die Rede sein. Im Gegenteil: Der angekündigte Südtiroler war wortkarg und leicht missmutig. Am vierten Morgen unserer Ausbildung stand Harald, so hieß er damals noch, vor mir auf der Amritabha-Terrasse und bat mich um eine Unterredung. Klar, warum nicht, dachte ich.

Er sagte: „Insha, ich werde die Ausbildung abbrechen und wieder nach Hause fahren." Ich sagte: „Okay, wenn das dein Wunsch ist. Aber magst du mir den Grund für diese Entscheidung sagen?" Und er erzählte mir, dass er seit Jahren unglaubliche Rückenschmerzen hat. Er war Ingenieur und Lehrer in einer Berufsschule und manchmal konnte er nur zur Arbeit fahren, wenn er morgens bestimmte Yogaübungen machte. Aber seit er im Kurs war, hatte er vor Schmerzen keine Nacht geschlafen, konnte kaum auf dem Stuhl sitzen und war jetzt völlig mit den Nerven durch.

„Bevor du fährst, darf ich dir eine Heilsitzung geben?", fragte ich. „Es dauert 15 Minuten. Wir können es gleich hier auf der Terrasse machen." Er willigte ein, was hatte er auch schon zu verlieren.

Dazu muss ich dir einen kurzen Einblick in meine Heilmethoden geben. In der Wirbelsäule zeigt sich für mich und die Heiler, die ich ausgebildet habe, das gelebte Leben. Wir können in den einzelnen Wirbeln Ereignisse im Leben eines Menschen lesen. Am Steißbein beginnt die Geburt und am obersten Wirbel, am Atlas, ist der Tod. Die Gehirnmittellinie ist die Linie zwischen den beiden Gehirnhälften (ähnlich wie bei der Walnuss). Hier liegt unter anderem der Lebensplan abgespeichert. Die Geburt ist hier am Haaransatz und der Tod trifft sich am gleichen Punkt der Wirbelsäule.

Oft gibt es Ereignisse in unserer Kindheit, die Schocks oder Traumata in uns ausgelöst haben. Oft ist es aber auch so, dass wir versuchen, den „einfachen" Weg zu gehen. Das heißt, oft verbiege ich mich, versuche, der Angst aus dem Weg zu gehen, „stecke den Kopf in den Sand", weiß eigentlich, wo es hingeht, versuche mich aber selber auszutricksen. All dies und noch vieles mehr bewirkt, dass sich der Lichtkanal, der durch unsere Wirbelsäule geht, verbiegt. Zum Teil sieht er für hellsichtige Menschen wie mich sogar wie verknotet aus. Das macht Rückenschmerzen.

Es gibt eine Methode, den Anlagefluss in der Gehirnmittellinie wieder mit dem gelebten „Nichtfluss" in Verbindung zu bringen, sodass der Lichtkanal wieder frei fließen kann. Das ist eine vereinfachte Erklärung für dich, aber ich hoffe, du verstehst, was ich meine.

Diese Arbeit machte ich mit Harald. 15 Minuten lang. Seitdem hatte er nie mehr Rückenschmerzen. Dazu muss ich allerdings sagen, dass er sich ja auf seinen Weg gemacht hatte. Das bedeutet, dass er intuitiv, ohne zu wissen, warum, seinem spirituellen Weg gefolgt war. In Gesprächen erzählt er auch heute noch gerne, dass er eigentlich nie etwas „gesehen" oder „gefühlt" hatte. Aber er wusste, was er machte, war richtig.

Du kannst dir sicher vorstellen, dass er an diesem Morgen nicht zurück nach Hause fuhr, sondern diesen Ausbildungsblock beendete.

Was wir zu diesem Zeitpunkt beide nicht wussten, war, dass wir uns schon in vielen früheren Leben getroffen hatten und dass ich ihn schon in vielen Leben geheilt hatte und wir oft ein glückliches Paar gewesen waren. Sein und mein Leben ging nach diesem Gespräch auf der Terrasse erst einmal in ganz normalen Bahnen weiter.

Nach ungefähr drei Monaten kam er wieder zum zweiten Ausbildungsblock angefahren. Diesmal merkte ich eine tiefe Sympathie und so etwas wie Bewunderung von ihm. Aber sie äußerte sich sehr still und nonverbal. Was sollte das auch sonst sein? Er war 18 Jahre jünger als ich, zwei Jahre jünger als meine Tochter, verheiratet und hatte drei Kinder. No chance. Niemals würde ich mich für jemanden interessieren, der in einer Beziehung war.

Ich war tief geprägt von der Trennung meiner Eltern, von dem Leid meiner Mutter. Ich wollte nie so ein Leid herbeiführen.

Auch nach diesem zweiten Block fuhr er wieder nach Hause. Was er uns, der ganzen Gruppe, in dieser Woche geschenkt hatte, war Lachen. Das, was meine Kollegin angekündigt hatte, durfte ich jetzt erleben. Ein Alleinunterhalter in Sachen Humor und Witz.

Ach, was ist lachen schön! Es öffnet vor allem die Herzen der Frauen. Ich glaube, Harald hatte alle Mädelsherzen in der Gruppe erobert. Dann kam der dritte und letzte Ausbildungsblock. Ich glaube, da begann unsere Liebe in diesem Leben.

Auf einmal brach so eine tiefe Liebe in mir zu ihm auf. Eine Liebe ohne Anspruch. Sie war einfach und bedingungslos. Mir war einfach nur wichtig, dass es ihm gut ging. Ich sprach nicht darüber. Hielt es in meinem Inneren verborgen. Aber ich spürte, dass auch bei ihm etwas passierte. Es verging wieder eine Zeit und dann bekam ich meinen ersten und einzigen Liebesbrief in meinem Leben. Von ihm. Unsere Kommunikation aus der Ferne begann.

Mir war klar, da passierte etwas Unglaubliches. Einerseits war ich glücklich, andererseits fühlte ich mich scheußlich und schlecht. Was sollte ich tun?

Ich meditierte viel. Setzte mich intensiv mit meiner Kindheit auseinander. Schaute mir erstmals die damalige Situation aus der Perspektive meines Vaters an. Sah ihn das erste Mal in meinem Leben nicht als Monster. Spürte in Rückführungen seine Zweifel, seine Ängste. Puuuuhhhh, wie war ich bloß in diese Situation gekommen? Mir war es doch so gut gegangen in meinem „neuen All-Eins-Sein".

Aber es nützte nichts. Irgendetwas passierte, aus dem ich mich nicht zurückziehen konnte. Harald hatte mittlerweile seinen spirituellen Namen von mir erhalten: Joshua.

Joshua kam wieder zur spirituellen Lehrerausbildung ins Haus. Wir schafften es nicht, uns zu entziehen. Waren wie magnetisch angezogen und ich erlebte eine der schönsten Wochen in meinem ganzen Leben. Er erzählte mir, dass er, bevor wir uns persönlich kennenlernten, ein Foto von mir in der Amritabha-Zeitschrift gesehen hatte, und sein erster Gedanke war: Das ist meine Frau. Der zweite Gedanke, der folgte, war: So ein Quatsch, ich bin ja glücklich verheiratet.

Nun war es so weit. Der Blitz hatte bei uns eingeschlagen und ich kämpfte jeden Tag mit meinem schlechten Gewissen. Einerseits hoffte ich, er würde wieder einen Weg zurück zu seiner Familie finden, andererseits nicht. Und immer wieder zweifelte ich. Konnte einfach nicht glauben, dass so eine Liebe echt sein konnte. 18 Jahre jünger. Nicht möglich. Ich betete wie immer, wenn ich mit Gott kommunizierte, und wiederholte ständig verzweifelt: „Gott, warum hast du mir so einen jungen Mann geschickt?"

Lange kam keine Antwort. Irgendwann kam eine: „Wolltest du denn einen alten?"

Ach ja, stimmt.

Ich möchte jetzt nicht auf Joshuas Geschichte eingehen, aber ich weiß, dass es eine seiner schwersten Zeiten im Leben war, seinem Herzen zu folgen. Ich habe nie einen Vater gesehen, der wundervoller mit seinen Kindern umging als er. Ich durfte seine Kinder kennen- und lieben lernen und ich liebe sie von ganzem Herzen, fast wie meine eigenen Kinder. Sein ganzes Umfeld in Südtirol löste sich auf und er zog zu mir nach Amritabha.

Es war wie mein eigener, wahrgewordener Liebesroman. Wenn ich schnulzige Filme mit Happy End im Fernsehen sah oder einen Liebesroman las, hatte ich bisher immer gedacht: Ja ja … das mit der heilen Liebeswelt ist ja doch nur eine Illusion … Ich glaubte nicht, dass es wirklich eine so große Liebe geben konnte. Und nun hatte ich sie. Unsere Liebe war alles, was ich mir je gewünscht hatte, und gleichzeitig hing ein Damoklesschwert über unseren Köpfen.

In der spirituellen Tradition, in der ich bin, kann man nach seinem Kraftplatz fragen. Den Kraftplatz habe ich dir ja schon vorhin erklärt. Es ist der Platz, an dem du in einem deiner vorigen Leben einmal in deiner vollen Kraft warst und an den du in diesem Leben gehen kannst, um in deine volle Kraft zu kommen. Dieser Platz bietet dir alle Voraussetzungen, damit du in deine Kraft kommst.

Joshua hatte sich nicht nur aus seinem alten Leben gelöst. Er würde von jetzt an bedingungslos seinem spirituellen Weg folgen. Dazu gehörte für uns auch, dass er Agni nach seinem Kraftplatz fragen und auch dorthin gehen würde. Wir wussten, wenn es Timbuktu oder ein anderer sehr ferner Ort wäre, würde unsere Liebe zwar bestehen bleiben, aber wir hätten keine gemeinsame Zukunft.

Aus diesem Grund gaben wir uns zwei Monate Zeit, bis Joshua Agni fragen wollte. Zwei Monate, wie man es sich in seinen kühnsten Träumen kaum vorstellen kann. Ein wahrer Liebesrausch.

Dann kam der Tag, der unser Schicksal vielleicht komplett verändern würde. Der Tag, an dem Joshua nach seinem Kraftplatz fragte. Er saß bei Agni und der sagte schmunzelnd: „Es ist Freiburg. Ich habe es schon lange gesehen."

Wow. Freiburg. Nur eine Stunde von Amritabha entfernt. Wir hatten eine gemeinsame Zukunft!

Zu mir sagte Agni: „So wundervoll diese Beziehung für dich ist und so sehr ich sie dir gönne, du wirst dadurch in deiner Entwicklung um einige Schritte zurückgehen."

Ich wusste damals nicht, was er damit meinte. Heute weiß ich es. Solange ich mit mir alleine war, richtete ich mein ganzes Leben auf mein inneres und äußeres Wachstum aus. Aber ich war alleine.

Mit einem Partner ging, jedenfalls bei mir, ein Großteil meiner Energie zu meinem Partner. Unbewusst trug ich meine Partner immer energetisch ein Stück, und dies stelle ich auch häufig bei den Frauen fest, die zu mir in die Beratungen kommen.

Man gibt einen Teil seiner Energie an seine Arbeit, einen Teil an die Kinder und natürlich auch einen Teil an seinen Partner. All dies schwächt uns Frauen, ohne dass es uns bewusst ist.

Tatsächlich war es so, dass nach und nach mein genialer Ideenfluss immer weniger wurde. Ich hatte nicht mehr diese Zukunftsvisionen, wie ich es vorher immer kannte. Ich dachte erst: Ach, das wird schon wiederkommen. Kam es aber nicht.

Dann dachte ich über einige Jahre: Na ja, ich werde halt jetzt langsam alt, und vielleicht gehört das dazu, dass die Inspirationen aufhören.

Dann kam die Erkenntnis. Ich hatte gedacht, ich würde in einer vollkommen freilassenden Beziehung leben. Offensichtlich hatte ich mich getäuscht. Ich hatte Joshua mit meiner Energie getragen – aber ich hatte ihn auch, wie soll ich sagen, gebunden? Diese Erkenntnis war sehr schwer für mich und mein Ego zu verkraften. Und dieses „den anderen an sich zu binden" entzog mir meine Energie. Dadurch konnte sie nicht mehr frei fließen und nach und nach blieben die Visionen und Inspirationen aus.

Joshua gründete sein eigenes Lichtzentrum in Freiburg, und ich arbeitete weiter in Amritabha. Etwa zwei Jahre nach Beginn unserer Beziehung fing er an, in meiner Firma zu arbeiten. Wir merkten, dass wir uns genial ergänzten, und so arbeiteten wir nach und nach immer mehr zusammen, bis wir gleichberechtigte Firmenpartner waren. Ich bin die Visionärin und Chaotin, Joshua ist der Strukturgeber und Techniker.

Nach sechs Jahren unserer Liebe und unseres Zusammenseins bat ich um seine Hand. Ich war mir sicher: Mit diesem Mann werde ich alt werden. Unsere

Liebe wird nie sterben. Und das ist so. Auch wenn es anders kam, als ich es mir damals vorstellen konnte.

Ich schätze an ihm so sehr seine bedingungslose Liebe, seine innere Freiheit, seine Fürsorglichkeit und dass er genau wie ich für eine Sache brennen kann und dann auch dafür bis zum Umfallen alles gibt. Dass er mich fast immer, wenn ich morgens aus dem Bad kam, ansah und sagte: „Schatz, du siehst wundervoll aus." Oder: „Du hast so eine wundervolle Lichthaut. Wir könnten zu ‚Wetten, dass..?' gehen. Über deine Haut würde ich dich unter hundert anderen herausfinden!" Dass er mich immer zum Lachen brachte und es immer noch tut. Das Letzte am Abend, bevor wir die Augen schlossen, war oft unser Lachen.

Joshua hat mir beigebracht, den Moment zu genießen. Zum Beispiel beim Wandern. Nicht, wie im Fitnessstudio, auf den Ausgang hinzutrainieren, sondern jeden Schritt wahrzunehmen und zu genießen. Er ist ein Kümmerer. Er denkt bei allem voraus und bereitet vor. Er wird selten überrascht, weil er immer alles für den Notfall schon bereit hat. Im Auto einen Regenschirm, aber auch eine Hose zum Wechseln. Eine Schwimmhose, falls er an einem See vorbeifährt und schwimmen gehen möchte. Er kann Koffer packen wie ein Weltmeister. Wir waren mal für zwei Wochen mit unserem Cabrio im Sardinienurlaub und wollten die ganze Fahrt offen fahren. Ich schrie vorher Zeter und Mordio, weil ich dachte: Was soll ich denn bloß die ganze Zeit anziehen? Da passt doch nix rein in diesen kleinen Kofferraum!

Es passte rein. Joshua hatte gepackt. Ich liebte es, mit ihm durch Italien zu fahren und an ganz kleinen, von außen schäbigen Bars anzuhalten, um Kaffee zu trinken. Wie Joshua sich verwandelte, sobald er anfing, mit den Einheimischen Italienisch zu sprechen!

Verschiedene Kabel für alle möglichen Geräte, alle möglichen Unterlagen immer abgespeichert und übers Handy abrufbereit – das ist Joshua. Am Anfang unserer Beziehung habe ich mich darüber lustig gemacht, später noch geschmunzelt und heute habe ich es sehr zu schätzen gelernt. Ja, das hört sich sicher für dich nach einer großen Liebe an und das ist es auch.

Die größte Liebe meines Lebens, dachte ich. Dachten wir. Wir glaubten, wir seien DAS Vorzeigepaar des goldenen Zeitalters. Wir dachten, wir könnten den anderen vorleben, wie man eine große bedingungslose Liebe als Paar lebt. Einmal sagte Joshua zu mir: „Schatz, ich wünsche mir, dass wir uns in unserem nächsten Leben wiedertreffen und wieder ein Paar sind. Und ich wünsche mir, mit dir fünf Kinder zu haben. Nur, dann komme ich einige Jahre vor dir, damit wir im gleichen Alter sind." Ich fragte ihn, warum er sich das wünschen würde. Ich hatte bis dahin nie solch einen Gedanken gehabt. „Weil du das Beste bist, was ich mir vorstellen kann. Meine perfekte Partnerin." Ich war zu Tränen gerührt.

War das nicht die schönste Liebeserklärung, die man sich als Frau vorstellen konnte? Es fühlte sich alles perfekt an, ohne Hintergedanken.

Mir kam die Idee, in der geistigen Welt nachzufragen, ob es nicht eine Schulung geben könnte, die den Menschen hilft, wahre Liebe zu leben und sie dabei zu unterstützen. Wahre, bedingungslose Liebe, wie wir sie lebten. Ich wusste, wir sind für viele in unserem Umfeld das Beispiel für ein Paar des neuen, goldenen Zeitalters.

Viele Jahre und so viele Erlebnisse hatte ich gebraucht, um diese Liebe wahrhaftig zu leben. Joshua sträubte sich erst ein bisschen und sagte: „Ich verstehe doch nichts von Beziehung, Insha." Man muss nicht verstehen, wenn man einfach liebt.

So willigte er ein. Ich führte ihn in die geistige Ebene im Tempel des Wissens, in den Raum, wo das Wissen für das goldene Zeitalter abgespeichert ist, und wir fragten, ob dort vielleicht eine Ausbildung zur bedingungslosen Liebe liegen würde. Die Antwort lautete: „Ja. So etwas ist hier abgespeichert."

Auf dem Höhepunkt meiner Liebe tut sich ein Abgrund auf

Wir begannen, in der Akasha zu lesen. Sieben Level würde die Ausbildung haben, die dort für uns gespeichert war. Wir spürten, wir hatten etwas Weltbewegendes bekommen! Die Menschen wären damit in der Lage, ihr eigenes Glück zu manifestieren, Selbstliebe für sich selbst zu erarbeiten, bewusster zu werden, glücklichere Beziehungen zu leben, ihre Kinder besser zu verstehen und zu erziehen. Die Ausbildung könnte jeder machen!

Wir lasen und lasen und wussten damals noch nicht wirklich, welche Wunder dadurch möglich werden sollten. Es war wie ein absoluter Höhepunkt unserer Liebe. Dachte ich.

Und dann tat sich plötzlich ein großer Abgrund vor mir auf. Ich schaute in die Tiefe und fragte mich: „Zerbreche ich daran oder entscheide ich mich für die Liebe?"

Ich hatte so oft in meinem Leben vor dieser Entscheidung gestanden. Ich hatte mich immer für die Liebe entschieden. Auch wenn die Situation noch so schwer war. Und nur in der Liebe hatte ich es geschafft, an nichts zu zerbrechen, was mir in meinem Leben geschehen oder begegnet war. Wie würde ich diesmal reagieren? Wie würde es diesmal enden?

Ich war so fest von unserer Liebe überzeugt, dass ich meine Fühler der Intuition nicht ausstreckte. Ich wollte vertrauen. So oft war ich betrogen worden, so oft war mein Herz schon gebrochen. Dieses Mal würde es anders sein. Diese Liebe würde ewig dauern. Ja, das tut sie auch immer noch. Aber ganz anders, als ich damals dachte.

Was war passiert? Nach elf Jahren verliebte Joshua sich in eine Kollegin, die auf der gleichen Etage in Amritabha wohnte wie wir. Wir waren gemeinsam in Amerika, als ich den Mut hatte, der Wahrheit endlich ins Gesicht zu sehen. Jeder Mann in meinem Leben hatte mich betrogen. Aber diesmal war es am schlimmsten.

Wir waren gemeinsam mit den anderen Amritabha-Teammitgliedern auf einer Ranch in New Mexico. Die beiden schliefen in dem Zimmer, in dem wir beide die Jahre zuvor zusammengewohnt hatten. Ich litt wie ein Tier. Mein Lehrer, den ich um Rat fragte, sagte zu mir: „Ihr habt elf Jahre lang so eine große Liebe gehabt, nun gönn sie doch den beiden auch mal."

Oh mein Gott! Wie sollte ich das schaffen? Dort in New Mexico gab es viele wilde Tiere: Bären, Pumas, Klapperschlangen, Koyoten ... Nachts war mein Schmerz immer noch stärker als am Tag. Oft hatte ich das Bedürfnis, einfach zur nächstliegenden Wasserstelle zu gehen und mich von den wilden Tieren fressen zu lassen.

Du siehst, ich tat es nicht, denn ich sitze hier und schreibe es auf.

Joshua ließ mich trotzdem nie allein. Wir hatten jeden Tag ein Gespräch, einen langen Spaziergang, und immer sagte er mir: „Insha, ich liebe dich aus tiefsten Herzen. Nur jetzt anders."

Das Gleiche konnte ich ihm sagen. Ich glaube, das war unsere Rettungs-formel. Nächtelang schaute ich „Game of Thrones", um mich von meinen Gedanken abzulenken. Und als es am Unerträglichsten wurde, kam aus der Geistigen Welt eine ganz klare Anweisung: „Du musst ihnen verzeihen, sonst bringt es dich um."

Das tat ich. Ich schrieb es den beiden. In dem Moment, als ich es schrieb, war es absolut die Wahrheit, und das war ein unglaublicher Schritt. Ein Schritt, der mir half, nicht zu zerbrechen.

Bis ich es dann allerdings auch wirklich leben konnte, das dauerte noch eine Weile.

Du kannst dir vorstellen, welche Gefühle in mir tobten und sich gegenseitig abwechselten. Ich liebte Joshua weiterhin aus tiefstem Herzen. Gleichzeitig war etwas geschehen, was mich völlig aus der Bahn warf.

KAPITEL 7:

Der Urknall

In den meisten Beziehungen ist in solchen Momenten das Drama aus Wut und gegenseitigen Vorwürfen bis hin zu Hass vorprogrammiert. In mir passierte trotz vieler Emotionen noch etwas anderes: Ich spürte, dass ich es anders machen sollte. Dass es für mich darum ging, mit einer solchen Situation anders umzugehen, als es in der Welt üblich war. Ein tiefes inneres Gefühl sagte mir: „Bleib in der Liebe. Bleib in der bedingungslosen Liebe. Es geht hier um Weisheit, nicht um emotionale Dramen."

Kannst du dir vorstellen, wie mich das selbst verwundert hat?

Auf der einen Seite diese starken Gefühle, die ja auch vor mir nicht halt-machten – und auf der anderen Seite die innere Stimme, die sagte: Du hast die Chance, es anders zu machen. Und du schaffst es, wenn du in der Liebe bleibst!

Es fühlte sich an wie ein starker Flash, ein intensiver Geistesblitz, man könnte fast sagen, eine innere Explosion, die ich erlebte. Dies war der Urknall. Eine neue Ebene wurde da in mir geboren, ein anderes Level, von dem aus ich die Dinge plötzlich neu sehen und begreifen konnte. Und trotz der emotionalen Momente, die immer wieder kamen, schaffte ich es – ich blieb in der bedingungslosen Liebe.

Plötzlich machte alles Sinn. Alles, was ich bisher in meinem Leben erlebt hatte, all die Herausforderungen und Prüfungen, von denen ich dir erzählt habe, fühlten sich auf einmal an wie ein „Hinführen" zu dem, was jetzt geschah. Ich erlebte mein Sein in einer ganz neuen Frequenz.

Ich blickte zurück auf die Lehrer, die mich begleitet hatten, die Ausbildungen, die ich durchlaufen hatte und erkannte, dass mir immer ein Element gefehlt hatte. Und dieses Element war die bedingungslose Liebe! Jetzt hatte auch dies an seinen Platz gefunden. Das Mosaik war vollständig.

Ich erkannte, dass wir, obwohl wir in den Seminaren, die ich besucht hatte, zu einem großen Teil schon mit einem hohen Bewusstsein unterwegs waren – wir dennoch danach oft so handelten, wie wir es gewohnt waren. Es wurde viel gesprochen von der Kraft des Herzens und der bedingungslosen Liebe – doch es gibt viele Menschen, die immer noch keinen Zugang dazu haben, sie wirklich zu leben.

Ich fragte mich: Was sollte ich mit dieser wunderbaren neuen Schwingung und diesen wichtigen Erkenntnissen machen? Was war meine Aufgabe?

Da erkannte ich: Es ist alles schon da! Du hast mit Joshua doch schon die „Wireless Love"-Ausbildung aus der Akasha abgerufen – jetzt bringt sie in die Welt. Und zwar genau auf der Grundlage dieser intensiven Erfahrung, die ihr beide gerade durchlebt habt!

Ich war überwältigt. Ja, so passte alles zusammen. Ein großes Gefühl der Dankbarkeit durchströmte mich, auch wenn ich noch nicht genau wusste, wie wir diesen Weg, der vor uns lag, gehen sollten.

Es scheint leichter, über die Liebe zu sprechen, wenn man gerade frisch verliebt oder in einer liebevollen Partnerschaft ist. Von der bedingungslosen Liebe zu sprechen und ihre wundervolle Kraft an andere weiterzugeben, wenn man gerade den größten Schmerz seines Lebens durchlebt und die Liebe, die noch da ist, in etwas Neues transformiert – das ist noch mal etwas ganz anderes. Eine ganz andere Dimension.

Ich bin dankbar, dass ich das erleben durfte. Denn wenn es nicht so geschehen wäre, hätte ich diese neue Ebene nicht auf diese Weise erreicht, da bin ich mir sicher.

Die bedingungslose Liebe ist für mich ein riesengroßes Geschenk. Sie beschenkt uns beide, Joshua und mich, jeden Tag damit, dieses Wissen weiterzugeben zu dürfen. An andere Menschen, die auch wissen und erleben wollen, wie viel harmonischer, leichter und „liebe-voller" unser ganzes Sein ist, wenn wir in der Liebe bleiben – anstatt an bestimmten Situationen in unserem Leben zu zerbrechen, wie wir es vielleicht aus früheren Erfahrungen kennen.

Partner des goldenen Zeitalters

Tatsächlich sind Joshuas Freundin und ich uns fast zwei Jahre nach der Trennung wirklich ehrlich bei einer Veranstaltung begegnet und konnten uns voller Liebe in die Arme nehmen und dies auch gegenseitig kundtun.

Auch wenn du vielleicht jetzt den Kopf schütteln magst. All das hat mich dazu gemacht, was ich heute bin. Im Nachhinein kann ich dem Schicksal nur aus tiefstem Herzen danken. Heute lebe ich nicht mehr in Amritabha und habe eine wunderbare und unglaublich erfolgreiche Partnerschaft mit Joshua.

Wir werden in vielen Ländern der Welt mit unseren Heilmethoden gebucht. Die Ausbildung, die wir vor einigen Jahren „abgeholt" haben – meines Erachtens nach die beste Ausbildung aus der Geistigen Welt, um Menschen in ihre Selbstliebe zu bringen –, erweiterte sich. Aus der geistigen Welt erfuhren wir, dass für wirklich liebende Menschen eine wundervolle Heilmethode geboren werden konnte. Wir lasen sie und nahmen sie in unser Repertoire auf. Seitdem geben wir sie weiter, als Partner auf einer neuen Ebene. Ganz anders als ursprünglich gedacht und trotzdem wahr. Und wir erleben wahre Wunder.

Wir lehren die Menschen und leben es ihnen als Partner der goldenen Zeit vor, selbst in ihrer bedingungslosen Liebe anzukommen. Und das geht, meine ich, nur, weil wir es selber durchlaufen und gelernt haben.

Wir zeigen den Menschen, dass Liebe immer da ist. Das ist das neue Zeitalter.

Liebe braucht kein Ende. Liebe ist.

- Die Zukunft der Menschheit ist nicht mehr das Einzelkämpfertum, sondern liebende Gemeinschaft.

- Die meisten Menschen sind in einem Täter-Retter-Opfer-Dreieck gefangen. Der Weg hinaus geht über die Selbstliebe.

- Die Seele eines Menschen will sich verwirklichen und ihre Erdenerfahrungen machen.

- Machen wir unsere Erfahrungen schneller durch einen Partner, haben wir einen an unserer Seite. Machen wir sie schneller, indem wir mit uns alleine sind, dann wählen wir unbewusst diese Situation.

- Viele Menschen, ich erlebe es oft bei Frauen, tragen ihren Partner energetisch zum Teil mit.

- Im „Alleinsein" schaust du direkt in die Seele der Menschen, siehst nicht ihre Schutzmauern, sondern die Schönheit ihres Wesens.

- Wenn wir verzeihen, wirklich verzeihen, kann der Schmerz sich auflösen.

Für dich zur Reflexion:

- *Was kannst du in deinem Leben wandeln?*

- *Welche Partnerschaft will sich transformieren? In was?*

- *Wen trägst du energetisch ein Stück mit oder hast es früher getan?*

- *Kannst du mit dir allein sein?*

- *Wem willst du verzeihen, damit sich der Schmerz auflösen kann? Bist du jetzt dafür bereit?*

KAPITEL 8

Der Schüler, der nicht lockerließ, und wie unser Wirken plötzlich um die Welt ging

Meine neue Schwingung, die ich bei meinem intensiven „Geistesblitz" aktiviert hatte, dehnte sich immer weiter aus, und es wartete schon ein ganz neues wunderschönes Wirkungsland auf mich. Was ich damals natürlich noch nicht wissen konnte.

Ich hatte in der Zwischenzeit noch einen anderen Entwicklungsschritt getan und beschlossen, keine neuen Schüler mehr anzunehmen. Mir waren Zweifel gekommen, ob ich wirklich in der Lage war, meine Schüler zu ihrem Inkarnationsziel zu bringen. Ein Inkarnationsziel bedeutet: „Was hat sich die Seele vorgenommen, in diesem Leben zu erfahren und zu verwirklichen?"

Meiner Entscheidung waren viele Gedanken vorausgegangen: War es nicht eine große Egonummer, der ich da verfallen war? Ich rang mit mir – doch meine Entscheidung stand danach fest. Ich würde keine neuen Schüler mehr annehmen, sondern mich denen, die ich schon begleitete und lehrte, weiter mit all meiner Liebe widmen. Interessanterweise kamen aber weiterhin

Anfragen nach der Schülerschaft, gerade in Taiwan. Doch ich blieb bei meiner Entscheidung.

Eines Tages, es ist jetzt ein paar Jahre her, machte meine Freundin, die Spezialistin für spirituelles Feng-Shui, ein tolles Vertiefungsseminar für Feng-Shui ganz in meiner Nähe. Natürlich nahm auch ich teil. Es waren auch drei asiatische Teilnehmer dort, zwei aus Malaysia, und eine Teilnehmerin aus Taiwan. Alle waren extra weit angereist, um bei meiner Freundin zu lernen.

Wir verstanden uns prächtig und es entstanden Freundschaften. Ungefähr ein halbes Jahr später bekam ich von einem der drei, er ist Professor der Mathematik in Malaysia, die Anfrage, ob ich ihn als Schüler annehmen würde. Im asiatischen Kulturraum ist es sozial anerkannt und wird hoch geachtet, einen spirituellen Lehrer zu haben. Ich lehnte ab. Ich nahm ja keine Schüler mehr.

Ich dachte, er wird sich einen anderen Lehrer suchen und machte mir weiter keine Gedanken. Als er sich dann ein Jahr später bei mir in der Sommerakademie in Österreich anmeldete, war ich erfreut und berührt, dass er den weiten Weg machte, um bei mir zu lernen. Ich dachte nicht mehr an den Vorfall ein Jahr zuvor.

Die Zeiten meiner Heilpriester-Sommerakademien sind immer ganz besonders. Es sind 15 Tage voller Energie und Transformation. Ein Pilgerweg zu sich selber und der eigenen Heilung. In dieser Sommerakademie hatte ich am zweiten Tag einen Traum: In diesem Traum standen hohe geistige Führer in ihrem ganzen Licht vor mir und ich erhielt eine spirituelle Lektion über Schülerschaft. Sie sagten mir, als Meister keine Schüler anzunehmen, sei genauso eine Egonummer, wie sie anzunehmen, um das Ego zu polieren (nach dem Motto: „Ich habe schon so und so viele Schüler"). Ich vergaß den Traum erst mal wieder. Doch am vierten Tag wurde ich an ihn erinnert: Denn da stand plötzlich der Professor aus Malaysia vor mir, mit Tränen in den Augen, und fragte mich erneut nach der Schülerschaft. Er sagte mir, dass er nun ein ganzes Jahr gewartet und mit sich auseinandergesetzt habe, und er wüsste genau, dass ich seine Lehrerin sei.

Da wusste ich, was mir der Traum bewusst machen wollte. Auch ich heulte wie ein Schlosshund und wir fielen uns in die Arme. Ich nahm ihn als Schüler an. Ich erkannte, dass er eine große Zukunft als Heiler und Lehrer in seiner Heimat haben würde. Er hatte die Aufgabe, die Menschen in seinem Land zu unterstützen, indem meine Heilmethoden dort gelehrt und angewandt wurden. Durch seine herzliche und offene Art entwickelte sich eine starke Verbindung und Freundschaft zwischen uns. Es war vor allem seine herausragende Persönlichkeit, die mich überzeugte, in Malaysia eine Schule gründen zu wollen.

Ich spürte: Dieses Land wartete auf mich. Ich hatte etwas zu geben, was sie dort brauchten. Ich fühlte mich liebevoll willkommen geheißen – so als breitete das Land mir den roten Teppich aus: Komm zu uns!

Die Liebe führt mich nach Malaysia

Wir vereinbarten noch während dieser Sommerakademie, dass er einen Kurs, eine Heilerausbildung, in Malaysia organisieren würde.

Als Vorbereitungszeit planten wir ein Jahr. In dieser Zeit reiste mein Schüler kreuz und quer durch sein Land, erzählte den Menschen von den Heilmethoden, heilte Menschen und sammelte Teilnehmer für meine Ausbildung. Nicht immer traf er bei seinen Landsleuten auf offene Ohren und zeitweise wurde sein Engagement auch durch große Verzweiflung gedämpft: Wo plötzlich Licht erstrahlt, da werden auch Schatten sichtbar. Und diese können sich in Form von Spannungen, Vorurteilen oder gar Vorwürfen entladen. Im Laufe meiner spirituellen Arbeit habe ich gelernt, mit dem Wolkenbruch menschlicher Reaktionen umzugehen, aber für einen Einsteiger, wie mein Schüler es war, war das total ungewohnt.

Deshalb vereinbarten wir wöchentliche Skypemeetings, in denen auch Joshua und eine weitere Schülerin von mir aus Taiwan dabei waren.

Diese Schülerin, ihr Name ist Sirin Ma, begann, uns von ihrem Land aus unterstützend zur Seite zu stehen. Sie wollte sich auch als Heilpriesterlehrerin qualifizieren und so teilten sich Bonshuwa, mein Schüler aus Malaysia, und Sirin Ma, meine Schülerin aus Taiwan, die Organisation.

Wir sprachen offen über alle Probleme, die in der Organisation einer Heilerausbildung auftraten, und teilten unsere Erfahrungen. Jedes Gespräch beendeten wir mit einer Meditation: Alles was nicht Licht und Liebe ist, galt es zu wandeln und die Unterstützung aus den geistigen Ebenen einzuladen.

Im Laufe dieses einen Jahres wuchsen die Zuversicht und das Interesse an meiner Arbeit im Land meines Schülers. 19 Teilnehmer meldeten sich schließlich für die zweiwöchige Sommerakademie an.

Und dann war es plötzlich so weit: Joshua und ich reisten nach Malaysia! Joshuas 15-jährige Tochter begleitete uns, um über die Reise zu berichten, und wir reisten ein paar Tage vor Ausbildungsbeginn ins Land. Diese Vorlaufzeit ist wichtig, um uns auf die Energie des neuen Landes einschwingen zu können und Vorbereitungen zu treffen. Zwischendurch stand auch mal ein Tag Entspannung und Ausruhen an. Im Entspannungszustand sind die Antennen der Wahrnehmung am klarsten und wir spürten, dass uns nicht alle Kräfte des Landes willkommen heißen. Es fühlte sich so an, als würde die Energie sagen: „Da kommen schon wieder Ausländer, die unser Land ausbeuten wollen." In der Geschichte von Malaysia kann man solche Ereignisse zur Genüge finden und die Botschaft war klar verständlich. Doch woher kam sie? Ich spürte ein riesiges Hüterwesen auf, ähnlich einem Drachen, der sein Territorium bewacht. Über die Liebe ging ich mit ihm in Kontakt und begann den inneren Dialog mit dem Wesen: „Wir bringen Heilung und Freude, das ist unsere Aufgabe hier in Malaysia. Wir verdienen hier Geld, das unsere Arbeit ausgleicht ..." Das Hüterwesen öffnete sich meiner Kommunikation und die abweisende Energie verschwand. Wir wussten: Die erste Hürde war gemeistert.

Unter den Teilnehmern der Heilerausbildung waren Menschen aus Australien, Japan, China, Taiwan und aus Malaysia. Ein neues Netzwerk entsteht gerade, weltweit, und es ist einfach großartig. Ich fühle mich in Asien wie zu Hause und es würde mich nicht wundern, wenn ich dort einige meiner früheren Leben gelebt hätte.

Die Organisation dieser Heilerausbildung in Malaysia war eine hohe Herausforderung an die Hingabe und die Führungsqualitäten meines Schülers. Beide, mein Schüler und sie, haben es wundervoll und einzigartig gemeistert.

Vor Kurzem erhielten wir eine Anfrage aus China: „Wir brauchen eure Präsenz in China. Bitte kommt zu uns und bringt uns die Rückerinnerungen an unser Heilersein."

Auch Herausforderungen gehören dazu

Eine Heilerausbildung in dieser Intensität zu geben, ist eine Herausforderung. Es braucht Führung, Einklang mit den geistigen Ebenen und eine reichliche Portion an Liebe, um den Teilnehmern über ihre inneren Blockaden gegen ihr eigenes Heilersein hinweg zu helfen, damit sie wohlbehalten an ihr Ziel kommen. Eine kleine Unachtsamkeit reicht aus und der Abgrund eines einzelnen Teilnehmers kann in der ganzen Gruppe Chaos auslösen. Ein paar Jahre zuvor hatten wir schon mal die Erfahrung gemacht, dass eine Teilnehmerin ihrem eigenen Schatten erlegen war und versuchte, die Ausbildungsgruppe in den Abgrund ihres Schattens zu ziehen. Das war keine böse Absicht, sondern die anderen Teilnehmer gingen einfach mit der Dynamik dieser Energie in Resonanz. Wir kamen mit einem blauen Auge davon und lernten viel dazu, sodass uns das danach nie wieder passierte.

Die Schatten der Menschen sind manchmal sehr stark, sie brauchen Führung und Liebe, um sich als unterstützende Kraft in den Menschen neu einsortieren zu können. Das ist der anstrengende Teil für einen spirituelle Lehrer: Transformationsarbeit im Hintergrund zu leisten, damit sich jeder Aspekt in der Liebe einsortieren kann.

Aber wenn die Schatten überwunden sind und das eigene Licht und die Präsenz immer stärker scheinen, wenn die Augen anfangen zu leuchten, der ganze Mensch in eine Leichtigkeit und Freude fällt, dann wissen wir, Joshua und ich, warum wir unsere Arbeit so lieben.

KAPITEL 9

Meine Vision

Mein Leben war immer geführt. Alles, was passierte, musste so kommen. Und was nicht sein sollte, kam nicht. Oder anders, als ich es geplant hatte.

Über lange Zeit hatte ich den Wunsch, auch Seminare in der Schweiz zu geben. Aber irgendwie klappte es nicht. Es fühlte sich schwer an, bis ich eines Tages die Einladung einer wundervollen Frau bekam, in ihrem Heilungszentrum in der Nähe von Zürich eine Ausbildung zu geben. Auf einmal fügte sich alles. Die Menschen kamen wie von alleine und der erste Kurs war voll.

Als ich wusste, dass ich meinen Wirkungsschwerpunkt aus dem Elsass und dem Lichtzentrum Amritabha wieder nach Deutschland legen würde, hatte ich das Gefühl, auch die Seminare müssten jetzt woanders stattfinden. Und sofort bekam ich wieder Angebote und Anfragen von Freunden. So gingen Joshua und ich erst nach Südfrankreich und später nach Österreich. Wir wurden immer erfolgreicher.

Auch mit Taiwan war es so. Taiwan ist ein wunderschönes Land, in das wir von einem befreundeten Paar eingeladen wurden, das schon lange dort lebt. Wir liebten das Land, die Menschen und das Essen sofort.

Allerdings dauerte es dann noch viele Jahre, bis sich die Gelegenheit ergab, wirklich in Taiwan Fuß zu fassen. Diesmal waren es zwei junge Frauen, die uns einluden und alles für uns organisierten. Es war wie im Märchen. Ich durfte nur noch meine Berufung leben – ohne die ganzen Nebenschauplätze bedienen zu müssen.

Wir hatten sofort volle Seminarräume. Seit einigen Jahren bilden wir nun auch Heiler in Taiwan aus. Manche von ihnen haben jetzt ihre eigene Heilerschule. Wie ich schon sagte, es fühlt sich an, als würde eine höhere Macht mich führen. Und ich folge.

Ich kenne meine Seelengeschichte und bin mit meinen geistigen Ebenen ständig im Kontakt. Ich kenne meine spirituellen Wurzeln, weiß, woher ich komme und was meine Aufgabe in diesem Leben ist. Meine Mission des Heilens begann in der Zeit von Atlantis und knüpft an die heutigen Herausforderungen an. Wir stehen an der Schwelle zu einer neuen Zeit. Vieles ist im Wandel und verändert sich sehr schnell. Unser Umfeld, ob privat oder beruflich, bietet kaum noch anhaltende Stabilität. Letztlich sind wir auf uns selbst gestellt. Daher ist es wichtig, Stabilität in unserem Inneren zu finden.

Wenn wir wissen, wer wir sind und warum wir hier sind, können wir den Veränderungen im Außen vertrauensvoll begegnen. Die Umbrüche auf allen Ebenen schenken uns die große Chance, in uns hineinzuhören, um unsere Wahrheit zu finden und zum Ausdruck zu bringen. Die Zeitqualität ist gut und die geistigen Ebenen sind offen, wir müssen nur unseren Blick darauf richten.

Mein Leben hat mich konsequent geschult und zu dem gemacht, was ich heute bin: eine Heilerin und eine spirituelle Lehrerin. Ich kenne die Tücken des Egos, ich kenne die Verstrickungen durch Ängste, ich durfte erfahren, wie es ist, sich aus all dem zu lösen, was nicht Liebe ist. Ich kenne den Weg zu sich selbst und kann Menschen professionell auf ihrem Weg begleiten. Das

Schönste und Erfüllendste ist für mich, mit Menschen zu arbeiten, die sich selbst öffnen möchten.

Wir brauchen heute keine bequemen Kompromisse mehr. Wir dürfen sie durch Glücklichsein und Erfüllung ersetzen. Das macht Menschen stark und authentisch. Und genau das ist auch meine Vision: einen Weg für Menschen aufzuzeigen, um in einer neuen Dimension des eigenen Seins anzukommen.

Auf dem Weg dorthin dürfen alle Hindernisse friedlich wegfallen. Menschen werden unentwegt vom Leben in ihrer Stabilität „Liebe zu leben" geprüft. Ist die Liebe die Basis des eigenen Lebens geworden, sind die Prüfungen des Lebens nur noch Verstärker der eigenen Liebe. Und es herrscht Dankbarkeit.

Mir liegt auch sehr am Herzen, dass neben Schulmedizin und Naturmedizin auch Geistige Heilweisen dem Wohl und der Gesundheit des Menschen dienen dürfen. Viele Krankheiten und Probleme haben ihre Ursache auf der energetischen Ebene und können nur dort gelöst werden. Durch Geistige Heilweisen ist das möglich. Daher sind Geistige Heilweisen die ideale Ergänzung zu den Methoden der Schul- und Naturmedizin.

Mein Ziel ist es, möglichst vielen Menschen weltweit Zugang zum Wissen über Heilung und Liebe zu geben. Ich möchte gerne überall auf der Erde tätig werden, wo es liebevolle Menschen gibt, die meine Vision mit mir teilen.

Gerne möchte ich auch die versteckten Heiler unter all den Menschen an ihr Potenzial erinnern. Ein Heiler ist weit mehr als ein „Gesund-Macher". Ein Heiler ist eine Führungspersönlichkeit, die hilft, Blockaden und Begrenzungen zu überwinden. Ein Heiler ist ein Mensch mit Weitsicht und Verständnis, er wirkt in Einheit mit den geistigen Gesetzen der Schöpfung und sein Handeln ist Ausdruck der allumfassenden Liebe. Um Heiler zu sein, ist es zunächst notwendig, in der Selbstliebe und bedingungslosen Liebe anzukommen. Die Basis aller Heilung ist Liebe.

Ich glaube – und ich freue mich darauf, es zu erleben – dass noch viele Menschen aufstehen werden, sich an ihre wahre Kraft erinnern und ihre Lebensaufgabe erfüllen.

KAPITEL 10:

Das Herz weist den Weg

Auch ich selber habe noch Schritte zu gehen, um vollkommen in meiner bedingungslosen Liebe anzukommen. Das empfinde ich als meine erste und wichtigste Aufgabe. Wenn man ganz in seiner Liebe ist, kommt alles, was man braucht, wie von alleine. Man hat keine Zweifel mehr, man glaubt.

Ich fliege seit 2003 jedes Jahr zu einem Masterupdate bei meinem Lehrer in Santa Fe, New Mexico, um mich selber weiter durch meinen Lehrer schulen zu lassen.

Einmal sagte Agni zu uns: „Diesmal helfe ich euch, eure eigene spirituelle Tradition zu finden." Da es bei diesen Updates wirklich tief ans Eingemachte geht, habe ich meist (eigentlich immer) zu Beginn unerklärliche, heftigste Widerstände. Bin unleidlich und zickig, mag mit niemandem reden und hinterfrage alles, was Agni sagt und tut. Er lächelt dann immer und sagt: „Na, ist es mal wieder so weit?"

Ich weiß mittlerweile, je heftiger meine Widerstände, umso mehr Glücklichsein, Freiheit und Freude in mir erwarten mich, wenn ich sie überwunden habe. Und so war es auch diesmal. Als Agni uns von unserer eigenen Tradition erzählte, die wir selber in uns finden würden, dachte ich erst mal: „So ein Scheiß!" Wir hatten in den vielen Jahren unzählige ähnliche Arbeiten gemacht. Wie oft hatte ich schon meinen Inkarnationsauftrag für dieses und das nächste Leben angesehen und jetzt wieder etwas Ähnliches. Ich wusste doch schon soooo viel über mich. Was sollte denn noch kommen? (Du siehst, mein Ego ist noch ganz schön helle J.)

Doch ich ließ mich ein und es kam etwas, was ich mir niemals in meinem Leben ausgedacht hätte, niemals auch nur vermutet hätte:

„Inshas Tradition – ich liebe die abgefahrensten Dinge. Deshalb habe ich mir aus den Universen Spaß und Freude, Leichtigkeit und Tanz, aber auch Ehrfurcht vor dem Göttlichen und Hingabe an die Schöpfung mitgebracht.

Ich habe die Liebe von Jesus empfangen. Sie ist es, die in mich eingeströmt ist. Sie ist es, die ich schon als kleines Mädchen sah und versuchte, sie zu leben.

Jetzt, wo diese Energie sich wie ein altes Depot wieder in mich ergossen hat, sehe ich die alten Bilder wieder. Die Liebe Jesu und ich sind eins. Sie ermöglicht, alles zu segnen, was mir begegnet. Sie und meine Liebe sind eines Ursprungs. Sie lehrt mich, was wahre Liebe ist. Sie lehrt mich, wahre Liebe zu leben. Sie lässt mich Gemeinschaften erschaffen, die durch ihr Sein Vorbilder für die Menschheit werden/sind.

Diese Liebe heilt, diese Liebe lässt frei. Sie ist sanft und streng, lieblich und machtvoll. Sie ist gütig und gleichzeitig rasiermesserscharf. Sie durchdringt jede Oberfläche und erkennt den Kern alles Seins, den Kern der Dinge. Sie unterstützt das Wachstum zum lebendigen menschlichen Sein.

Ich bin sie."

So lautete das, was ich an diesem Tag erhalten habe.

Ich wusste durch das Buch „Jesus das Buch", das meine Freundin Durga autobiografisch aus der Zeit vor 2000 Jahren geschrieben hatte, dass auch ich in dieser Zeit gelebt hatte. Dass ich Jesus kannte. Aber nie wäre ich auf die Idee gekommen, dass es wirklich etwas mit mir und meiner Lebensaufgabe in diesem Leben zu tun haben könnte. Ich sah mich auf einmal vollkommen real mit Jesus in einer Landschaft stehen. Ich spürte seine Liebe, seinen Geruch, konnte jede Pore seiner Haut wahrnehmen und er sprach zu mir: „Ich habe dich so lange Liebe und Heilung gelehrt. Erkenne endlich deine eigene Tradition, die ich dich gelehrt habe, und bring sie zu den Menschen."

Ich hatte Gänsehaut von der Kopfhaut bis zu den Zehen und ich wusste – es ist wahr. Es war neu. Alles, was in meinem Leben passiert war, hatte mich geschult, Liebe zu leben, Heilung zu bringen. Aber nie hätte ich es in diesem Zusammenhang gesehen.

Seitdem lebe ich es bewusst, ohne Wenn und Aber. Ich bringe mit all meiner Begeisterung und Hingabe die Liebe in die Welt und bin sicher, ich erfülle meine Lebensaufgabe. Alles wird sich fügen, wie es richtig ist. Ich bin offen für alles, was mein Herz bewegt. Bin achtsam, was mir begegnet, und sicher, mein Herz weist mir den Weg. Schritt für Schritt.

KAPITEL 11:

Wireless Love Healing

Ich habe dir ja schon erzählt, dass Joshua und ich damals gemeinsam in der Akasha nachgefragt haben, ob es auch eine Abkürzung in die Selbstliebe und Selbstheilung gibt.

Ich selber hatte mein ganzes Leben gebraucht, um da anzukommen, wo ich jetzt bin – in meiner Liebe zu mir und zu allem, was ist. So erzähle ich dir jetzt über das, was die Akasha uns in den Schoß legte:

Den Heiler in dir aktivieren: Die Magie der 7 Level

Aus der Akasha bekamen wir ein Ausbildungsprogramm über 7 Level. Anfangs wussten wir nicht, wie wir das Training nennen sollten, denn die Inhalte umfassen einerseits spirituelle Persönlichkeitsentfaltung und andererseits das Aktivieren der eigenen Fähigkeiten als Heiler. Erst viel später zeigte sich uns der Titel „Wireless Love Healing".

Im Sommer 2018 war es dann so weit, und wir starteten mit einem fünfköpfigen Team diese neue Ausbildung. Wir hatten dabei folgende Grundgedanken:

- Es sollte kein weiterer Selbsthilfekurs, kein Wochenend-Schnell-Seminar oder ein Online-Kurs werden, der sich vielleicht gut anhört, aber nicht wirklich etwas bringt.

- Es sollte für jeden im deutschsprachigen Raum möglich sein, daran teilzunehmen.

- Die eintretenden Veränderungsprozesse der Teilnehmer sollten von uns begleitet, unterstützt und aufgefangen werden können.

- Es sollte eine Mischung sein aus Selbstverantwortung, Fernstudium und regelmäßigen Treffen zwecks Energieerhöhung und begleiteter Transformation.

Das eigene Innere wahrnehmen

Zu Beginn war das Wichtigste dieser neuen Ausbildung die Selbstermächtigung durch Liebe und das Wahrnehmungstraining. Es sollte nicht um reine Techniken oder theoretisches Wissen gehen, sondern um das Erleben des eigenen Inneren, das Spüren und das Fühlen.

Kurz gesagt: Alles, was nicht mit dem rationalen Verstand gemacht wird. Im Gegenteil, der rationelle Verstand ist manchmal kontraproduktiv auf dem Weg zur eigenen Selbstliebe.

Und genau dieser Faktor zeigte sich als größte Herausforderung bei vielen Teilnehmern. Diese Art von Ausbildung ist ein Meilenstein der Persönlichkeitsentwicklung, allerdings benötigt dieser Weg die Bereitschaft, gewohnte Wege zu verlassen und sich diesem intensiven Erfahrungs- und Wahrnehmungstraining hinzugeben, egal, was der eigene Verstand dazu gerade sagt.

Menschen aus unterschiedlichsten Berufsgruppen, Nationalitäten und mit verschiedenen persönlichen Geschichten kommen und kamen in die „Wireless Love Healing"-Ausbildung. Sie alle verbindet das Ziel, in die Freiheit der bedingungslosen Liebe zu wachsen und das mit einer erstaunlichen Schnelligkeit.

Nach den wundervollen Resultaten (siehe Teilnehmerstimmen am Ende dieses Buches) bereits innerhalb weniger Wochen nach der Teilnahme an der Ausbildung zeigte sich eine weitere Sehnsucht in den Herzen vieler Teilnehmer.

Es war die Sehnsucht, diese neu gewonnene Freiheit, diese in sich selbst erfahrene Liebe, auch zum Wohle anderer Menschen einzusetzen. Der innere Wunsch zu helfen und zu heilen zeigte sich stärker und stärker.

Helfen und heilen

Und wieder tauchten Joshua und ich diesem Impuls folgend in die Akasha ein und fragten nach einer Heilbehandlung oder Methode, die diesen Prozess zusätzlich unterstützen bzw. intensivieren kann. Und siehe da, tatsächlich erhielten wir eine dreistufige Heilmethode.

Bereits beim Ausarbeiten dieser neuen Methode war uns klar, dass diese nur von Menschen angewendet werden kann, die ihren Weg in die eigene Liebe bereits gegangen und Stabilität in ihrer Liebe erreicht haben. Durch einen gewissen Grad an innerer Stärke und durch die Einweihung ins Heiler-Sein kann die Heilmethode intuitiv angewendet werden.

Die Techniken sind simpel. Sie erhöhen sofort die Liebes- und Selbstheilkraft im Klienten, berücksichtigen seinen Ist-Zustand, verbinden ihn mit seinem Seelenbewusstsein und legen den Weg frei, sich in seinen Potenzialen zu entfalten.

Wiederum sprechen die Erfahrungen und die Resultate unserer Teilnehmer für sich. Unsere Teilnehmer finden den Weg zu sich selber, werden stabil in ihrem Alltag, finden sich in einem liebevollen Miteinander wieder, und diese neue Liebes-Ausstrahlung wirkt sich magisch auf alle Lebensbereiche aus.

Wir sahen es überall: Wireless Love Healing wirkt – Heilen mit bedingungsloser Liebe als Weg der Selbstentfaltung.

Doch damit noch nicht genug. Als die ersten Teilnehmer die Ausbildung abgeschlossen hatten, zeigte sich erneut ein Wunsch: weitermachen.

Eingebettet in unserem Wireless Love Netzwerk, dass sich rund um alle Teilnehmer gebildet hat und sich ständig erweitert. Ein Netzwerk liebevoller Menschen, die alle ganz verschieden sind – von Müttern, deren Kinder flügge sind und die jetzt einen Neustart suchen, bis hin zu langjährig praktizierenden Ärzten und Therapeuten – Menschen, die einfach jeden so annehmen, wie er ist, und sich alle willkommen und getragen fühlen.

Mein langersehnter Traum wurde wahr. Eine liebende und respektvolle Gemeinschaft war jahrzehntelang mein sehnlichster Wunsch. Wireless Love Healing macht es möglich, und ich freue mich auf jeden einzelnen Menschen, der sich berufen fühlt, die bedingungslose Liebe in sich zu erwecken und als Heiler seiner Herzensberufung nachzugehen.

Nun, ein Puzzleteil fehlte noch: die Berufung zum Beruf werden zu lassen, um mit den eigenen Qualitäten auch den Lebensunterhalt zu verdienen. Das decken wir nun ab, indem wir noch Businesscoaching in die Ausbildung integriert haben, beruhend auf dem Schwingungsmarketing von Marco Dreyer.

Berufung als Heiler leben

Inzwischen hat sich die Ausbildung weiterentwickelt und es gibt verschiedene Versionen davon. Je nach Version besteht sie aus mehreren der folgenden Elemente:

- die 7 Level der Persönlichkeitsentwicklung und des Heilerseins durch Meditation und Wahrnehmungstraining

- Unterstützung aller Teilnehmer durch wöchentliche Videokonferenzen mit uns

- Einweihung und Vermittlung der Wireless-Love-Healing-Methode

- Wochenendworkshops im zweimonatlichen Rhythmus

- Vertiefungsprogramm der 7 Level für eine höchstmögliche Liebesschwingung

- Begleitung beim Aufbau eines Heiler-Business

- Klientengewinnung durch Sichtbarwerden des eigenen Angebotes über Anwendung von Meditations- und Manifestationsmethoden

Der Kreis schließt sich

Jetzt hast du meine Wireless-Love-Healing-Ausbildung kennengelernt. Damit schließt sich der Kreis meiner Geschichte. Anhand meines gesamten Lebenswegs mit allen Höhen und Tiefen führte mich dieser letztendlich an diesen

Punkt in meinem Leben, wo ich zutiefst dankbar dafür bin, den Menschen diese Erfahrung weiterzugeben.

Alles macht rückblickend betrachtet Sinn. Alles zielte auf diese Ausbildung hin. Und heute ist es ein Teil meiner persönlichen Vision, liebende Menschen um mich zu haben und ihnen den Weg in die bedingungslose Liebe zu ermöglichen.

Sehr viel früher hätte diese Ausbildung wahrscheinlich auch keinen Sinn gemacht. Es deckt sich so ziemlich mit den Sehnsüchten des heutigen Zeitgeistes. Die umwälzenden Ereignisse im Leben der meisten Menschen führen letztendlich zur Frage aller Fragen. Nach dem tiefen Sinn im eigenen Leben. Nach der eigenen Berufung. Und nicht selten berichten mir viele Menschen von ihrer tiefen Sehnsucht, Heiler zu sein.

Mit meinem Wirken möchte ich einen Beitrag dazu leisten.

Warum Meditation ein so wichtiger Bestandteil meiner Arbeit ist

In diesem Kapitel möchte ich Joshua den Raum geben, dir im Rahmen eines Interviews etwas über das wichtige Thema Meditationen zu erzählen.

Wir arbeiten ja sehr intensiv in all unseren Ausbildungen zusammen und auch in unserem neuesten gemeinsamen Baby „Wireless Love Healing". Meditation ist unsere Arbeitsebene in der „Wireless-Love-Healing-Ausbildung".

Für mich ist die Meditation eine andere, einfache Art des Lernens und Rückerinnerns an die ureigenen Fähigkeiten. Und sie tut so gut.

Was bedeutet sie für dich, Joshua?

Joshua: Die Meditation dient den Menschen zur Ausrichtung, zum eigenen Heilwerden, zur Zentrierung und Fokussierung. Sie ist natürlich auch eine Brücke, die das mentale/intellektuelle Wissen mit den geistigen kosmischen Prinzipien verbindet. Meditation spricht unterschiedliche Bewusstseinsebenen im Menschen an. Der Intellekt ist eine vertraute Bewusstseinsebene, aber nur eine von vielen.

Im konventionellen Lernen wird vor allem die kognitive Bewusstseinsebene angesprochen. Informationen werden auf der mentalen Ebene bewegt. Alles was nicht auf der kognitiven Ebene erfassbar ist, liegt unter der Bewusstseinsoberfläche, ist „unter-bewusst". Mental orientierte Menschen können die Ebenen des Unterbewusstseins schwer erreichen.

Die Meditation ermöglicht Zugang zum inneren Wissen. In der tiefen Entspannung bzw. im Zustand der Leere können die verschiedenen Bewusstseinsebenen im Menschen berührt werden. Sie beginnen wahrnehmbar zu werden, sie kommunizieren und erweitern sich. Dadurch lassen sich tiefe Veränderungen im Menschen auslösen, die der Verstand vorab nicht denken oder nicht verhindern kann. (Nicht immer ist der Verstand ein Befürworter von Veränderungen.)

Je feinfühliger ein Mensch ist, desto leichter kann er seine Innenwelt wahrnehmen. Jedoch ist Feinfühligkeit keine Voraussetzung, um erfolgreich zu meditieren. Meditation ist ein geeignetes Werkzeug, um Informationen auf unterschiedlichen Bewusstseinsebenen des Menschen zu erkennen, auszutauschen und/oder zu verändern. Denn Begrenzungen bzw. Blockaden wurden nicht nur auf der mentalen Ebene verursacht, sie liegen oft verborgen in anderen Bewusstseinssphären des Menschen. Genauso verhält es sich mit den Potenzialen oder nicht gelebten Fähigkeiten, die über die Meditation aktiviert und in das Leben eingeladen werden können.

In unseren geführten, das heißt gesprochenen Meditationen werden die unterschiedlichen Bewusstseinsebenen im Menschen angesprochen, um mehr Stabilität und Liebe im Leben zu entfalten und die eigenen Fähigkeiten zu aktivieren. Im Rahmen der Meditation wird eine Kommunikation zu den spezifischen Bewusstseinsebenen im Menschen aufgebaut. Befreiung, Heilung und Aktivierung der eigenen Potenziale sind die Ergebnisse der Meditation. Ja, und wie du sagst, Insha: Meditation ist ein geeignetes Mittel, um zu lernen. In der Meditation wird Lernen auf vielen Ebenen ermöglicht. Wobei Lernen nicht als Aufnahme von externem Wissen verstanden wird, sondern als ein Prozess des Erinnerns an die eigenen Fähigkeiten und das eigene Glücklichsein.

Das hast du sehr schön ausgedrückt, Joshua, vielen Dank. Gebet ist ja die Kommunikation mit Gott. Meditation ist still werden und empfangen. Ich empfange meistens Liebe. Das Gefühl der Einheit und Vollkommenheit. Nicht immer will mein Kopf still sein, aber er wird auf jeden Fall friedlicher und ich spüre, wie meine Energie eine höhere Frequenz annimmt und mich so für einen neuen Tag bereit macht. Fokussiert, ausrichtet.

Joshua: Ja, hingebungsvolles Empfangen dessen, was zu mir gehört. So empfinde ich es auch. In der Meditation hört das Erwarten, das Wollen und das Denken auf. Die Meditation ist der Zustand der Leere: Alles, was mich in meinem Alltag in Beschlag nimmt, darf ruhen; ich werde zum leeren Gefäß, das neu gefüllt wird, mit dem, was ich im Moment aufnehmen und mit meiner Liebe tragen kann.

Insha: Ich werde manchmal gefragt, wie man einen leichten Einstieg in die Arbeit mit Meditationen finden kann, wenn man sich noch nie damit befasst hat. Ich gebe hier mal die Antwort, so wie ich es wahrnehme:

Meditationen können vieles bewirken. Still werden, fokussieren oder einfach eins sein mit mir selber. Oder sie unterstützen uns in Lernprozessen. „Arbeitsmeditationen" könnte man auch dazu sagen. Das sind die, die ich bei meinen Kursen und Ausbildungen bevorzuge. Bei den Arbeitsmeditationen erreichst du, dass dein Gehirn im Alphazustand schwingt. Im Alphazustand befindest du dich immer, kurz bevor du einschläfst, manchmal auch bei der Autofahrt. Wenn du auf einmal denkst: „Huch, wie bin ich denn schon hier angekommen?", ohne dass dir der ganze Weg, den du gefahren bist, bewusst ist. Oder manchmal auch unter der Dusche, wenn du auf einmal eine Eingebung hast, die dein Leben bereichert oder ein Rätsel löst, das du mit Nachdenken einfach nicht gelöst bekommen hast. Wenn du in diesem Alphazustand bist, arbeitest du nicht mehr intellektuell, sondern geistig.

Es gibt die Möglichkeit der geführten Meditation. Hier wird man angeleitet, still zu werden, seine Atmung zu beobachten und nach innen zu schauen. Dann nimmt einen die Meditation mit auf eine Reise. Eine Reise, die sich sehr real anfühlt, wenn man sich einlassen kann. Eine Reise, die einer Bewusstseinsschulung gleicht. So kann man lernen, ohne Bücher zu wälzen. Hier ist der Link zu meinen Meditationen für dich: www.wireless-love.com/leserbonus.

Sie unterstützen dich und geben dir einen kleinen Einblick in unsere Arbeit.

Oder es gibt die Möglichkeit der Mantrenmeditation. So habe ich vor vielen Jahren begonnen zu meditieren. Ich habe lange gesucht und mich immer gefragt: Wie meditiert man richtig und hat nicht dauernd das Gefühl: „Wann ist es zu Ende?" Dann fand ich die Mantrenmeditation. Mein Mantra war und ist das Mantra „Gott ist Liebe". Und wenn man damit beginnt, gibt es drei Schritte, um tiefer in die Meditation einzutauchen. Der erste Schritt, wenn man noch ungeübt ist, ist die Rezitation. Ich rezitiere „Gott ist Liebe, Gott ist Liebe … und auf einmal merke ich, dass meine Gedanken abschweifen. Dass meine Gedanken zum Beispiel beim nächsten Einkauf, bei den Kindern oder sonst wo sind. Ich erinnere mich, ahhh, „Gott ist Liebe, Gott ist Liebe …" Ich lerne dabei, immer konzentrierter zu sein, und merke, dass mir schon diese

Rezitation sehr guttut. Der nächste Schritt ist die Kontemplation. Ich bewege das Mantra „Gott ist Liebe" wie in einer Gebetsmühle in meinem Herzen, spüre, dass ich gleichzeitig denken und rezitieren kann. Dass ich dabeibleibe. Da diese Meditation den Energielevel stark anhebt, ist es eine wundervolle Art, schwierige Dinge zu durchdenken und gleichzeitig fokussiert zu sein. Der dritte Schritt ist dann die Meditation. Ich bewege das Mantra in mir und tauche ein in die Glückseligkeit. Zeit hört auf zu existieren. Ich bin eins mit allem. Ich bin eins mit Gott. Immer kann ich es nicht erreichen, aber es ist alle Mühe wert. Auch die Mantrameditation „Ich bin glücklich, ich bin Liebe, ich bin Licht" ist eine wundervolle Meditation. Ich erinnere mich an den Ursprung meiner Seele. Beide Meditationen können durch eine Einweihung durch einen spirituellen Lehrer sehr vertieft und verstärkt werden.

Was meinst du, Joshua? Was ist für dich noch wichtig?

Joshua: Der einfachste Einstieg in die Meditation ist mit der stillen Mantrameditation „Gott ist Liebe" oder mit der stillen Mantrameditation „Ich bin glücklich, ich bin Liebe, ich bin Licht". Diese Meditationen sind Einweihungsmeditationen, sie können nach der Einweihung durch einen spirituellen Lehrer praktiziert werden. Eine Einweihung ist ein Türöffner zur Energie der Meditation. Das heißt, in einer guten Meditation wird viel Energie (Licht) freigesetzt. Die stille Mantrameditation bereitet den Menschen vor, innere Wachstumsschritte einzuleiten. Der Geist beginnt sich zu fokussieren, die Stille befreit uns von den Nebenschauplätzen und die Energie hebt unser Bewusstsein an.

Vielen Dank, lieber Joshua.

Stimmen unserer Teilnehmer

Kinder, ich muss euch was erzählen: Ich habe am Wochenende einen schwerkranken Freund besucht, der seit einem Monat mit Symptomen „herumkrebst". Stellt euch vor, er ist Sportler seit ewigen Zeiten. Kennt seinen Körper genau, läuft wie verrückt, macht alles, was ihr euch vorstellen könnt, an Kraft-Übungen. Lange Rede, kurzer Sinn: Auf einmal von heute auf morgen – nichts mehr. Sein Augenlicht ist fast weg. Er ist Fotograf, kann kaum noch sehen. Kann nicht mehr laufen, hat Schmerzen, kann kaum noch liegen oder irgendetwas.

Die Ärzte im Krankenhaus beschießen ihn mit Kortison, 500 Milligramm täglich. Die Schmerzen werden schlimmer, als die Ärzte das Kortison nach einigen Tagen absetzen und ihn nach Hause entlassen. Er kommt nun nur mit Mühe überhaupt aus dem Stuhl hoch, ist völlig verzweifelt, ist nach vier Wochen total apathisch, hat überhaupt keine Hoffnung mehr. Ich komme, weil seine Frau Yogalehrerin ist und total offen. Mein Lebensgefährte hat ihr gesagt, dass er mir vertrauen kann. Ich wende Wireless Love Stufe 1 bei ihm an.

In der Nacht schläft er durch. (Er konnte die letzten Tage und Wochen überhaupt nicht mehr schlafen.) Einen Tag später sind die Schmerzen und der Schwindel, den er hatte, so gut wie verschwunden. Parallel macht er auch noch TCM.

Es ist es echt ein Wunder. So eine kraftvolle „Gesundheitsmagie", ein besseres Wort fällt mir nicht ein. Das wollte ich unbedingt mit euch teilen. Ich bin völlig von den Socken. Natürlich ist auch unser Bekannter, unser Freund, ebenso von den Socken, weil er schon so lange diese Beschwerden hatte und keiner ihm helfen konnte. Eine einzige Session Wireless Love hatte solche unfassbaren Verbesserungen bewirkt, und jeden Tag geht es ihm ein Stück besser.

Ruth Marquardt

Auf der Suche nach Antworten und vor allem nach mir selbst bin ich auf Wireless Love gestoßen. Was ich gefunden habe, ist mehr, als ich ahnen konnte. Nach einigen Schlüsselerfahrungen auf dem Weg habe ich erkannt, dass ich in meinem Kern Liebe bin. Seit diesem Prozess gehe ich gelassener durch das Leben, ganz unabhängig von den Geschehnissen in der Außenwelt. Durch meine Heilerausbildung bei Wireless Love Healing habe ich mir und vielen anderen Menschen bereits helfen können.

Benjamin Schönfeld

Wireless Love ist für mich ein ganz wundervoller Weg, in das eigene wahre Menschsein hineinzuwachsen, in die heilende Kraft bedingungsloser Liebe – auch mir selbst gegenüber. Es ist spirituelle Wahrnehmungsschulung und tiefe Transformation durch weisheitsvoll aufeinander aufbauende Meditationsanleitung. Es ist Initiation in die Heilung durch Liebe für dich selbst und andere. – Und obwohl ich anfänglich wenig wahrgenommen und viel an mir gezweifelt habe, führen die Meditationen, die wöchentlichen Teachings und die Workshops mich „still und heimlich" immer mehr in meine Ruhekraft, in meine eigene Heilung und Selbstliebe, und lassen mich dies segensreich in mein privates und berufliches Umfeld ausströmen. Meine Arbeit als Psychotherapeutin und energetische Heilerin hat eine ganz neue Wirksamkeit, Tiefe und zugleich Leichtigkeit bekommen. Ich kann immer mehr auf die Inspiration aus dem Augenblick, auf die Führung durch die Liebe für das Erkennen der Entwicklungsaufgaben und Heilungsschritte vertrauen, bin freier in meinem Arbeiten, wirksamer durch mein So-Sein und Da-Sein, auch ohne etwas zu „tun". – Mich beeindruckt und berührt in hohem Maße, wie Insha und Joshua, die dies alles auf die Erde geholt haben und mit ihrem tollen Team realisieren, ihre hohe spirituelle Meisterschaft ohne jedes Guru-Zeremoniell „brüderlich" auf Augenhöhe ihren Schülern zur Verfügung stellen und dabei immer absolut die Freiheit und den individuellen Selbstausdruck jedes Einzelnen von uns respektieren und fördern! Das macht die Wireless-Love-Ausbildung nicht nur zu einer genialen Schulung der eigenen spirituellen und heilerischen Fähigkeiten, sondern wirklich zu einem überzeugenden Vorbild für soziale Gemeinschaften, die in Liebe und Freiheit diese Welt zu einem besseren Ort machen können! Ich bin von ganzem Herzen dankbar, dazugefunden zu haben.

Dr. NatarJa Bettina Kegel

Kontakt zu Insha

Alles, was ich zur Unterstützung deines Weges anbiete, und viele weitere Informationen, findest du, liebe Leserin und lieber Leser, auf diesen beiden Websites:

www.insha.net

www.wireless-love.com

Du kannst dir auf www.wireless-love.com gleich auf der Startseite meinen Vortrag „Die Heilkraft der Liebe" anschauen.

Auch viele Antworten zu Fragen, die mir in den letzten Jahren zu meiner Arbeit gestellt wurden, habe ich online für dich bereitgestellt, damit du dich umfassend informieren kannst.

Ich freue mich auf dich!

Insha

E-Mail: info@insha.ch

Insha Akademie GmbH
Bahnhofstrasse 34
CH-8706 Meilen
Schweiz